Como viver
em HARMONIA
com o CÂNCER

CELSO MASSUMOTO

Como viver em HARMONIA com o CÂNCER

Editora
Cultrix
SÃO PAULO

Copyright © 2012 Celso Massumoto.

Copyright do projeto © 2012 Editora Pensamento-Cultrix Ltda.

Texto de acordo com as novas regras ortográficas da língua portuguesa.

1ª edição 2012.

Todos os direitos reservados. Nenhuma parte desta obra pode ser reproduzida ou usada de qualquer forma ou por qualquer meio, eletrônico ou mecânico, inclusive fotocópias, gravações ou sistema de armazenamento em banco de dados, sem permissão por escrito, exceto nos casos de trechos curtos citados em resenhas críticas ou artigos de revistas.

A Editora Cultrix não se responsabiliza por eventuais mudanças ocorridas nos endereços convencionais ou eletrônicos citados neste livro.

Este livro é uma obra de consulta e informação. As informações aqui contidas não devem ser usadas sem uma prévia consulta a um profissional de saúde qualificado.

Os sobrenomes foram omitidos para preservar a identidade das famílias.

COORDENAÇÃO EDITORIAL: Manoel Lauand
CAPA E PROJETO GRÁFICO: Gabriela Guenther
EDITORAÇÃO ELETRÔNICA: Estúdio Sambaqui
REVISÃO: Angela Castello Branco
ILUSTRAÇÕES DE CAPA E MIOLO: © Larissa de Melo Alves Meira
FOTO DO AUTOR: © Pedro Dias

Dados Internacionais de Catalogação na Publicação (CIP)
(Câmara Brasileira do Livro, SP, Brasil)

Massumoto, Celso
  Como viver em harmonia com o câncer / Celso Massumoto. -- São Paulo : Cultrix, 2012.

Bibliografia.
ISBN 978-85-316-1197-1

1. Câncer 2. Câncer - Aspectos psicológicos 3. Câncer - Pacientes 4. Câncer - Tratamento 5. Histórias de vida I. Título.

12-10599
CDD-616.994
NLM-QZ 266

Índices para catálogo sistemático:
1. Câncer : Tratamento : Medicina   616.994

EDITORA PENSAMENTO-CULTRIX LTDA.
R. Dr. Mário Vicente, 368 – 04270-000 – São Paulo, SP
Fone: (11) 2066-9000 – Fax: (11) 2066-9008
E-mail: atendimento@editoraseoman.com.br
http://www.editoraseoman.com.br
que se reserva a propriedade literária desta tradução.
Foi feito o depósito legal.

Este livro relata o acompanhamento, por mais de onze anos, de uma empresária do setor farmacêutico cujo olhar destemido sobre a saúde e a doença direcionou uma metodologia de trabalho para gerenciar o seu maior patrimônio: seu corpo. Ela mostra a possibilidade de viver em harmonia com o câncer. Em algumas doenças crônicas isso já ocorre. Tornar o câncer uma doença crônica é o desafio atual da Medicina.

A versão final do livro foi possível graças à colaboração de amigos, pacientes e familiares, que acrescentaram detalhes e sugestões em vários capítulos. No caso desta paciente, a integração de estratégias empresariais à terapia melhorou o resultado do tratamento e aumentou a expectativa de vida.

Este livro não visa falar sobre câncer de mama ou qualquer doença em particular, mas sim sobre uma linha de trabalho, para entender como essa paciente exerceu controle sobre seu corpo e seus negócios ao longo dos onze anos que lutou contra o câncer.

CELSO MASSUMOTO

Sumário

Agradecimentos 9

Prefácio 12

Capítulo 1 - O RETORNO DA DOENÇA 15

Capítulo 2 - A BATALHA TEM INÍCIO 18

Capítulo 3 - A PRIMEIRA QUEDA 32

Capítulo 4 - PERCALÇOS VENCIDOS 36

Capítulo 5 - A PRIMEIRA DECISÃO 41

Capítulo 6 - MOMENTOS DE DESCANSO 49

Capítulo 7 - A NOVA RECIDIVA 53

Capítulo 8 - A VIDA EM FAMÍLIA 57

Capítulo 9 - A ADMINISTRAÇÃO 64

Capítulo 10 - A ROTINA DIÁRIA CONTINUA 73

Capítulo 11 - A ESPERADA DEPRESSÃO 82

Capítulo 12 - OUTROS APOIOS 89

Capítulo 13 - VENCENDO O MEDO 93

Capítulo 14 - VENCENDO AS ANGÚSTIAS 98

Capítulo 15 - AUTOCONHECIMENTO 102

Capítulo 16 - HORA DE PARTIR 106

Capítulo 17 - AS ÚLTIMAS DESPEDIDAS 109

Conclusão 111

Lições Finais 114

Bibliografia 117

Agradecimentos

À minha esposa, Sally, e minhas filhas, Nicole e Susi. Aos meus pais, Fumiko e Tadayoshi.

Meus agradecimentos à minha família, que sempre me apoiou nessa jornada. Não poderia deixar de lembrar algumas pessoas que me ajudaram a tornar este livro uma realidade: Stefan Ujvari, Paloma Vidal e Maria Helena Gouveia, essa última, jornalista e incansável estimuladora das artes literárias.

Aos profissionais dos hospitais que atenderam a Claudia durante todos esses anos e, principalmente, à sua família, minha eterna amizade e reconhecimento.

Prefácio

No final do século XIX surge uma cirurgia revolucionária para o tratamento de câncer de mama, graças às mãos do cirurgião americano Willian Stewart Halsted, em Baltimore. Sua nova técnica cirúrgica extirpava não só o tumor, mas também áreas adjacentes e saudáveis para evitar recidivas. Halsted criava uma cirurgia radical.

A ciência comemorava, no início do século XX, os avanços no tratamento dos tumores. A anestesia e o controle de infecções promoviam cirurgias mais delicadas e prolongadas, com consequente inovação de técnicas operatórias que visavam à cura.

Em meados do século passado, surgem as drogas quimioterápicas que, aliadas à radioterapia, alavancam as chances de cura no tratamento dos tumores. Apesar das esperanças renovadas, os índices de cura permaneciam aquém do que almejavam os oncologistas da época.

A última década desse revolucionário século XX presencia a descoberta de novas classes de drogas quimioterápicas. O objetivo principal do tratamento de muitos tumores já é a cura total. Em muitos casos, se garante a resolução total da doença.

Cem anos separam, no caso do tumor de mama, a aventura de Halsted, com sua cirurgia revolucionária e radical, das novas drogas, também, revolucionárias. Aguardamos, nas próximas décadas, outros avanços da medicina que, quiçá, alcancem a cura total.

Enquanto somos reféns dos avanços da ciência e lançamos mão do arsenal terapêutico atual, menosprezamos outra arma fundamental no combate ao tumor. É isso que o livro do Dr. Celso aborda de maneira original, clara e prática.

O livro traz à luz o outro lado da moeda do tratamento oncológico. Um lado obscuro e negligenciado por muitos pacientes e profissionais da saúde. Qual abordagem seria essa? O papel do paciente na sua recuperação psicológica e vida cotidiana desde a primeira notícia do diagnóstico até as diferentes fases de tratamento.

O autor, que tratou durante anos uma paciente muito querida, revela como a doente conduziu sua vida pessoal e profissional entre os altos e baixos de seu tratamento. Ensina como é possível exercer uma profissão e gerenciar uma empresa concomitante a um tratamento árduo e tortuoso entremeado por quimioterapias, viagens e cirurgias. Além de encabeçar a harmonia e união de uma família.

A protagonista do livro ensina como manter sua rotina diária e, indiretamente, manter elevado seu estado psicológico.

O autor resume toda essa estratégia em um simples, porém revolucionário, conceito: gerenciar seu próprio corpo.

As próximas páginas trazem a trajetória vencedora de uma luta com enfoque no verdadeiro lutador: a paciente. Revela um aprendizado fundamental e abrangente aos pacientes e profissionais da saúde. A leitura deste livro traz uma nova arma no combate à doença, e profissionais da saúde e pacientes só têm a ganhar com suas páginas.

STEFAN CUNHA UJVARI
médico infectologista

"Este livro é uma homenagem a todos que lutam pela vida."

Capítulo 1
O RETORNO DA DOENÇA

Em uma tarde ensolarada, recebo uma ligação no meu celular. O visor marca o nome: Claudia. Ao atender, percebo algo errado em sua voz.

– Celso, preciso falar urgente com você. Vi o resultado dos exames e parece que o câncer voltou!

Eu ouviria novamente essa frase várias vezes ao longo de onze anos. Claudia, decidida e forte, travaria uma árdua batalha contra as recidivas tumorais (retorno da doença).

Claudia era bonita e cursara o magistério. Seu pai, visionário e extremamente positivo, esculpiu as duas filhas com o seu modo de conduzir a vida: viver o presente e enxergar o futuro. A mãe, extremamente dedicada aos afazeres domésticos, era muito vaidosa.

Aos 45 anos, Claudia se encontrava em tratamento quando sua mãe falecera em uma UTI (Unidade de Terapia Intensiva). Na verdade, herdara de sua mãe o câncer de mama: dois genes conhecidos como BRCA1/BRCA2 foram descobertos e Claudia preenchia os critérios de pacientes portadoras dessa anomalia genética. Além disso, seu câncer tinha um marcador conhecido como c-erb2+, que configurava uma pior evolução ao processo, com retornos precoces da doença sob a forma metastática (disseminada). Tudo concorria para uma situação dramática a longo prazo. A primeira perda familiar que marcou muito a vida de Claudia foi a de seu pai.

– Ele foi um indivíduo que soube viver bem – dizia Claudia, com voz melancólica.

Claudia se casara muito jovem com João e, rapidamente, engravidara do seu primeiro filho, batizado com o nome de João Adibe, e, na sequência, tiveram mais duas filhas: Karla e Mariana. A empresa que Claudia e João construíram advinha de uma base sólida. Claudia soube administrar o negócio em momentos difíceis, quando pouco se falava em medicamentos genéricos no Brasil e não havia uma regulamentação rigorosa para esses produtos. Alguns eram vistos como cópias malfeitas do medicamento-padrão (de marca), e as multinacionais pressionavam os órgãos regulatórios contra a atividade dos laboratórios pequenos.

– Muitos médicos diziam que nossos produtos tinham apenas farinha na composição. Isso não é justo, pois temos padrões rigorosos de produção. Nossa fábrica preenche todos os requisitos da Vigilância Sanitária – desabafou Claudia.

A empresa produzia poucos medicamentos no início. As multinacionais seguravam a patente dos medicamentos por longos anos. O portfólio, pequeno no princípio, foi crescendo junto com a fábrica. Claudia estava feliz, pois fazia o que mais gostava. Trabalhava com os filhos e o marido em uma empresa familiar.

— Me sinto feliz, pois tenho a minha família trabalhando comigo — orgulhava-se Claudia.

Claudia nunca imaginaria o que viria a passar nos anos seguintes. Uma série de sessões de quimioterapia, cirurgias e momentos de alegria intercalados com sofrimento.

Capítulo 2
A BATALHA TEM INÍCIO

O DIAGNÓSTICO VEIO de maneira seca e dura no início de 1999. Uma biópsia da mama direita confirmou o diagnóstico do câncer, e a pesquisa de um linfonodo satélite (sentinela) mostrava a disseminação da doença. O câncer havia se espalhado para além dos limites da mama. A situação era pior do que se imaginava. O diâmetro associado a outros fatores da biologia do tumor configurava um desastre iminente.

– Eu estava tomando banho e percebi um caroço do tamanho de uma azeitona na mama direita. A princípio, pensei que fosse algo normal, mas, nos dias subsequentes, tudo foi piorando. Passou um filme pela minha cabeça, semelhante ao gênero de terror. A possibilidade de morrer me amedrontava – disse Claudia.

– Fiquei com os pés parados, a minha mão suava frio e o meu coração estava acelerado. A ideia de ser câncer... e ainda maligno, me amedrontava. Achava que estava tudo acabado – Claudia desabafava com a voz miúda.

— Notei que o caroço era um pouco doloroso e isso motivou a minha consulta a um médico. Você sabe, eu sempre me cuido e procuro dar valor a todas as coisas que ocorrem comigo — explicou Claudia. — Senti muito medo. Uma sensação estranha tomou conta do meu corpo e me apavorou. Não sei explicar direito...

A punção-biópsia foi marcada para o dia seguinte para ganhar tempo. O anestesista foi contatado e o radiologista intervencionista ligou para Claudia, algumas horas depois, confirmando o horário das 9h30 para o procedimento.

No horário marcado, Claudia e o marido entraram no hospital de mãos dadas. Ela estava receosa do que poderia ocorrer.

Um médico jovem se apresentou para explicar o procedimento.

— Vamos introduzir uma agulha guiada por ultrassom, que permite a obtenção de vários fragmentos do tumor. Com isso, vamos conseguir uma amostra do tumor e, depois, iremos estudar bem a lesão, sob a ótica da Anatomia Patológica. Vários antígenos tumorais (partículas) serão analisados. Esses antígenos permitem verificar se o tumor é mais ou menos agressivo.

Claudia entendeu bem a explicação do jovem médico. Ele foi calmo e atencioso.

O procedimento foi rápido e bem executado pela equipe. Após a obtenção do pequeno fragmento da mama, o material foi enviado ao serviço de patologia do hospital. A peça é incluída dentro de parafina, formando um bloco em seu interior. A seguir, o patologista utiliza um micrótomo: aparelho que corta a peça em fragmentos extremamente pequenos, menores que um milímetro, para serem corados e, depois, analisados pelo médico patologista.

Claudia se recompunha da pequena cirurgia quando foi surpreendida com a informação da gravidade da enfermidade: a presença de marcadores tumorais com alta potencialidade de retorno da doença. A presença de uma proteína na superfície da célula (c-erb2+), aliada ao grau histológico, também, à disseminação angiolinfática revelavam que esse câncer raramente seria curável. Além disso, a doença havia ultrapassado os limites naturais e se espalhado para outros tecidos.

– E agora, o que vai acontecer comigo? Vou morrer? – ela perguntava a todo instante.

Eu disse que esse marcador revelava uma maior agressividade do tumor e com potencialidade para a disseminação da doença para outros órgãos, como o fígado.

Claudia chorou muito após a minha explicação. Estava fragilizada, e outros membros da família também choravam no quarto.

– Mas eu aguento o tranco.

Como em vários outros momentos, Claudia manejou a situação para tornar o tratamento o mais breve possível.

– Quanto mais cedo fizermos a cirurgia, mais rápido iremos retornar ao trabalho. Eu tenho muita coisa a fazer na empresa, por isso, não podemos perder tempo!

– Celso, arrume, por favor, os cirurgiões e anestesistas o mais rápido possível.

Ela falava assim mesmo, no plural (cirurgiões). Claudia acreditava que montar uma equipe médica se assemelhava a ter um time. Ela dizia que se alguém não confiasse em sua cura, que não fizesse parte da equipe médica.

– Precisamos de um time vencedor. Quem não acreditar que vamos ganhar essa batalha, que se retire da sala.

Claudia tinha medo das próximas etapas do tratamento. Entretanto, tinha certeza de que haveria um final feliz ao longo do processo.

– Sei que tudo ficará bem. Eu sinto isso dentro de mim.

Antes da cirurgia, seria necessário passar pela quimioterapia, com a consequente queda dos cabelos e de sua autoestima, que tanto preservava. Foram momentos difíceis: a inserção de um cateter na veia jugular esquerda para a infusão dos medicamentos. Muitas dessas drogas são vesicantes, e queimam o interior dos vasos, levando ao seu entupimento. A seguir, vinham as náuseas e os vômitos. As pacientes ficam mais sensíveis e muitas choram quando ficam carecas.

Sentem-se mais feias e reclamam que ficam pouco atrativas, embora o uso de perucas feitas de cabelo natural torne a falta de cabelo quase imperceptível.

Claudia recebeu dois ciclos de uma combinação de drogas contra o câncer de mama antes da cirurgia.

— Por que isso aconteceu comigo? Nunca fiz mal a ninguém... — ela perguntava a mim.

Não escolhemos as doenças. Mas é dever do médico zelar pelo alívio do sofrimento dos pacientes. Esse era o juramento de Hipócrates, que havia feito na formatura do curso médico. Agora entendia o significado da profissão.

Enquanto conversávamos, Claudia olhava tristemente para o chão, lamentando-se da situação.

Ela não entendia como o câncer aparecera em seu corpo. Claudia sempre fora disciplinada, fazia exercícios físicos regularmente, tinha uma vida regrada e nunca fumara em sua vida. Gostava de apreciar vinhos, mas não abusava do álcool.

Ela olhou cabisbaixa para um porta-retratos que tinha a foto das minhas filhas em cima da mesa do meu consultório.

— Veja a foto de suas filhas. Elas são o maior tesouro que possuímos. Amo muito a minha família e vou lutar por eles.

Foram três dias de espera para o grande dia. A cirurgia transcorreu sem problemas. Todos os componentes da equipe médica, do anestesista ao circulante da sala cirúrgica, deram atenção a Claudia e isso a tranquilizou.

A cirurgia durou 3 horas, pois além de remover a mama inteira foi necessária a dissecção de linfonodos presentes na axila e na cadeia mamária interna. Esses linfonodos são como estações satélites que seguram o câncer e impedem a sua disseminação para outros órgãos.

– Estou feliz! A cirurgia foi bem realizada e o câncer foi retirado de mim – Claudia narrava, entusiasmada, para a equipe médica. – Além disso, estou realizada, pois meu neto, Adibe Filho, acabou de nascer.

Ela estava com as bandagens em volta das mamas e sentia um pouco de dor no local da operação da mama direita (mastectomia). Apesar de os familiares de Claudia estarem aliviados, a paciente controlou suas ações e emoções.

– Eu só ficarei tranquila quando enxergar o resultado da cirurgia plástica da mama – disse Claudia. – Quero voltar a ficar bonita e poder usar blusas decotadas – ela ressaltava, impaciente. – Na vida, precisamos tomar decisões rápidas.

Ela compreendia que todo o seu esforço estava valendo a pena. Claudia suportara a cirurgia sem reclamar de nada, em qualquer momento.

– Consegui superar a primeira fase do tratamento. Vamos ver como será a etapa seguinte!

Depois da alta hospitalar, Claudia prosseguiria com uma jornada de exames laboratoriais e de consultas clínicas visando o controle do câncer.

Ela assumiu logo a condição de estar careca e disfarçava bem a falta de cabelos com o uso de bandanas. Em casa, usava somente um lenço, principalmente nos dias mais quentes do verão.

– O meu marido diz que eu fico bonita de qualquer jeito – contava Claudia, referindo-se ao marido que lhe dava muito apoio e carinho nesse momento da vida.

No processo seguinte, ela recebeu mais dois ciclos de quimioterapia, seguidos de radioterapia na região da mama e na do pescoço.

A radioterapia era realizada no subsolo do hospital, diariamente, de segunda a sexta-feira. O local parece um *bunker*. Não tem iluminação natural e as paredes são espessas para receber a proteção com chumbo. Aos finais de semana, o setor não funcionava e era o momento em que as máquinas ficavam em manutenção. Claudia era posicionada milimetricamente em uma maca durante as sessões de radioterapia. Tinha algumas marcações na pele com tinta vermelha para facilitar o trabalho dos técnicos da radioterapia. Essas marcas permitiam direcionar os raios do aparelho de maneira correta. A seguir, o equipamento era ligado e ela recebia as ondas da energia radioativa. Após 23 sessões, o trabalho estava concluído.

– No princípio, sentia apenas que a pele na região do tórax ardia um pouco e, depois, ao final da radioterapia, a pele já estava escamada e vermelha. Eu diria que tolerei bem todo o processo – comentava Claudia.

A radioterapia promove a aceleração de partículas e elas emitem calor, por isso, a sensação é de uma queimação na pele e, em alguns casos, podem surgir bolhas. O tratamento inclui uso de pomadas a base de corticoide e aloe vera.

– Eu me sinto bem e, por isso, quero voltar a fazer o que mais gosto: trabalhar na minha firma e cuidar da minha família. Ainda mais agora que está chegando a minha segunda neta: a Juliana – ela disse, animada.

Ela retornou ao trabalho, no dia seguinte, ao término da radioterapia. Dizia que estava recuperada e tinha uma empresa para cuidar. Nas semanas subsequentes, notou que a pele em volta do que um dia foi a mama apresentava melhora das pequenas queimaduras, provocadas pela ação da radioterapia. Agora ela começava a perguntar sobre a outra etapa do tratamento, que visava corrigir a mutilação da mama direita.

– Quero saber quando poderemos fazer a reconstrução da mama operada?

– Em breve, daremos sequência à segunda fase do tratamento multimodal – eu expliquei. – A pele precisa de um tempo para a total recuperação. Os tecidos estão inflamados por ação da radioterapia e a realização de qualquer cirurgia, nesse momento, seria desastrosa.

Ela olhou firmemente em meus olhos e, resignada, saiu da sala do consultório.

– Está bem, vou esperar a melhora da pele!

Após alguns meses, agendamos a programação do início e tempo de internação da cirurgia plástica. Ela foi submetida à reconstrução da mama com a instalação de uma prótese de silicone e a colocação de um retalho muscular. O resultado estético ficou perfeito.

– Sob o ponto de vista anatômico, o resultado final ficou excelente. Você pode voltar a usar as roupas que sempre vestiu, com decotes e tudo mais – salientei para Claudia.

Naquele momento, a empresa familiar ia bem. Os planos de expansão de uma nova fábrica animavam a todos. Portanto, os sentimentos mistos de tristeza e alegria, dor e emoção caminhavam juntos.

A presença de um receptor (c-erb2+) nas células tumorais agravava o prognóstico. Naquela época, os dados sobre a manutenção de quimioterapia após o tratamento inicial eram escassos. Poucos profissionais comentavam o papel de quimioterápicos na manutenção do câncer de mama. As informações, provenientes de congressos de oncologia, revelavam que uma droga, a trastuzumabe, parecia benéfica na terapia de manutenção após o tratamento quimioterápico. Mesmo assim, ponderei a Claudia que ela deveria receber a trastuzumabe, baseado em alguns relatos clínicos e, também, pela troca de informações com alguns médicos americanos.

Por isso, embasada por seu tino empresarial, Claudia concluía que não havia sentido em empregar algo duvidoso, caro (de alto custo) e que prolongaria, em pelo menos um ano, o tratamento.

– Não vejo sentido em receber, nesse momento, algo que não esteja consolidado. Se você, Celso, me falar categoricamente que eu devo receber a medicação, eu o farei. Porém, se existem dúvidas deveríamos aguardar por mais um tempo.

Fazia todo sentido, mas, pelo lado científico, valia a pena usar uma droga promissora, com chances de diminuir o retorno da doença. Ainda mais porque o transplante de medula óssea, indicado como alternativa em pacientes com doença avançada, era desanimador: um tratamento agressivo de coleta de células-tronco do sangue periférico, seguido de quimioterapia em altas doses para, posteriormente, uma reinfusão dessas células no paciente. Naquela época, devido aos dados inconclusivos e conflitantes, muitas mulheres se submeteram ao transplante de medula óssea na tentativa de curar as formas mais agressivas da doença (metastáticas). Houve manipulação de dados científicos e as conclusões dessa pesquisa levaram a tratamentos desastrosos em algumas mulheres. Foi uma das maiores fraudes científicas de que se tem notícia.

Enquanto Claudia combatia sua doença, a empresa prosperava com o término da planta da nova fábrica. Ela sabia que a única maneira de crescer era aumentar a área de produção para novos fármacos. Todos estavam entusiasmados com o novo empreendimento. O local escolhido foi no interior de Minas Gerais. Lá, já existia uma pequena fábrica, que poderia ser expandida rapidamente. As condições de solo e clima eram benéficas e Claudia tivera uma sensação boa do terreno e das pessoas daquela cidade pequena.

– Eu preciso dar um grande passo. Isso significa crescimento da empresa e dos novos negócios – ela comentou. – Sinto que a minha energia está de volta. Me sinto curada e pronta para assumir novos desafios.

Para dar agilidade ao seu trabalho, um jato executivo foi comprado para os deslocamentos de Claudia entre a capital paulista e o sul de Minas Gerais. A empresa apresentava um crescimento expressivo, apesar do momento econômico que o Brasil atravessava. O temor de alterações na condução política do país – com a eleição para presidente do Brasil –, que poderia alterar a situação econômica, fez com que grandes empresas evitassem deixar o dinheiro no país. Em alguns momentos, a bolsa de valores chegou a picos incríveis seguidos de quedas assustadoras. O momento econômico no Brasil exigia decisões rápidas e certeiras.

— Na vida ocorre o mesmo: temos os momentos bons e outros difíceis. Mas, se quiser sair da crise, será com investimentos a longo prazo — dizia ela sobre a crise pessoal (sua doença) e a crise econômica que o país vivia.

— Temos que trabalhar para aumentar a produção neste país maravilhoso — exaltava Claudia. — Nós vamos investir para construir uma fábrica grande e gerar muitos empregos naquela região. Nosso portfólio será aumentado e eu terei uma área de pesquisa dentro da nova fábrica.

Claudia estava preocupada com a economia brasileira e a possibilidade de fazer cortes no número de funcionários em um momento no qual desejava expandir a empresa. Isso a deixava triste. Nesses períodos de possibilidade de perturbação da ordem sociopolítica, a economia reage como um paciente: fica estressada, hostil (com aumento da taxa cambial) e desesperado (as bolsa de valores despencam).

Nos pacientes, o gatilho para o desenvolvimento de uma doença ocorre depois de uma crise. Normalmente, durante a atividade de um processo que nos agride, conseguimos ficar bem devido à imunidade. A imunidade é representada por macrófagos (células do sangue), neutrófilos (defesa), células dendríticas (apresentadoras de antígenos) e anticorpos (combatem as bactérias e vírus). Durante um estresse, por exemplo, como em uma infecção, esse mecanismo celular é acionado para proteger o indivíduo. Entretanto, após o término do episódio, é como se o organismo desabasse, e surgem problemas crônicos: hipertensão, alterações cutâneas, presença de herpes simples na face etc.

Claudia havia vencido o primeiro *"round"* do tratamento. Estava feliz com o resultado estético da prótese de silicone e voltava a viver novamente.

Capítulo 3
A PRIMEIRA QUEDA

Claudia passou bem por três anos após o tratamento inicial do câncer, sem evidência de doença, quando, em um exame de rotina, foi surpreendida por um nódulo no fígado.

– Celso, eu não te dei ouvidos e por isso o câncer voltou.

Expliquei que o retorno do tumor não havia sido culpa sua. Esse tipo de câncer, em mama, tinha recidivas frequentes. Em parte, sua angústia decorria de minha informação, dois anos antes, de que algumas pacientes tomavam um remédio chamado trastuzumabe. As mulheres que recebiam tal medicamento tinham o mesmo padrão histológico que o tumor de Claudia: alto risco de recidiva. Os estudos iniciais revelavam uma associação positiva entre o remédio e o aumento da expectativa de vida dos doentes, fato que mudou meu modo de ver os pacientes com câncer, pois era a primeira vez que um medicamento biológico (anticorpo monoclonal) aumentava a sobrevida de maneira significativa. Esse medicamento vinha de uma nova classe de drogas, ditas "inteligentes", que atingiam alvos terapêuticos. Poucas vezes em medicina havíamos presenciado uma droga com tal impacto na vida dos pacientes.

Disse que iria recomeçar a quimioterapia, associando a trastuzumabe ao novo tratamento.

— Vou ficar bem e estarei com o João, meu marido, mas vou precisar de seu apoio para esta luta!

— Conte comigo — retruquei para Claudia.

Claudia saiu do consultório, cabisbaixa e sem forças.

Muitas vezes, queremos apoiar a paciente, mas cada um deve ter o seu tempo e o momento adequado para refletir sobre o problema e passar a aceitá-lo.

Isso é comum durante o tratamento do câncer. As pacientes se acham cansadas e despreparadas para continuar novas sessões de quimioterapia. Ao mesmo tempo, acham que deveriam fazer algo para impedir o retorno da doença.

— O que posso fazer a mais do que venho fazendo? Mudei os meus hábitos de vida: estou chegando mais cedo em casa, faço exercícios físicos todos os dias e tenho comido menos do que antigamente, principalmente massas e doces. Parei de comer chocolates e reduzi a quantidade de café que eu bebia normalmente — Claudia comentou comigo.

Essas perguntas são comuns no consultório e mostram a vontade dos pacientes em cooperar com o tratamento.

Durante a batalha que travaria contra o câncer, Claudia sempre atuaria da forma mais racional possível. Administrava essa empresa – seu corpo – de forma harmoniosa com sua vida diária. Isso ficou claro quando, na primeira crise (diagnóstico de câncer), ela não titubeou e se decidiu pela cirurgia mutiladora com a mesma velocidade que decidia os rumos de sua empresa.

– Precisamos tomar decisões rápidas e que ajudem a minha recuperação. Por isso, continuo trabalhando regularmente para me manter ocupada.

Claudia iniciou um tratamento com uma combinação de um quimioterápico com a trastuzumabe. Ela teve uma resposta excepcional, embora apresentasse efeitos adversos, como a queda de cabelos e mal-estar após as sessões de quimioterapia.

– Essa quimioterapia nova me deixa tonta e com náuseas. Às vezes sinto o corpo pesado, e outras vezes acho que não tenho forças. Sinto isso, principalmente, no quarto dia, quando tenho um cansaço extremo.

– O cansaço pode ser melhorado com um pouco de dexametasona [um tipo de corticoide]. Vou lhe receitar esse medicamento e, no próximo ciclo, esse sintoma irá melhorar – expliquei para Claudia, por telefone, e ela me agradeceu.

Os médicos costumam designar o regime de tratamento como sendo protocolo. Trata-se de uma combinação de drogas que são administradas em intervalos precisos e rigorosos.

Naquela época, um antiemético (contra vômitos) foi lançado no mercado brasileiro e ela pôde perceber que as náuseas reduziram acentuadamente.

Aliada à sua visão empresarial, havia sua concepção religiosa. Católica fervorosa, sempre andava com seu amuleto. Certa vez, ganhou um pingente de Nossa Senhora da Medalha Milagrosa e, ao recebê-lo, disse acreditar que alguém havia colocado seu nome na igreja desejando a cura da sua doença. Desta forma, havia se lembrado dela. Esta dicotomia de sentimentos fazia de Claudia uma pessoa especial. Saber lidar com sentimentos pessoais e olhar para si como uma empresa é sempre uma tarefa difícil.

Deste dia em diante, ela não descuidou de sua medalha, e, a cada início e final de tratamento, viajava até Paris para pedir forças para mais uma batalha e agradecer por mais uma conquista.

Capítulo 4
PERCALÇOS VENCIDOS

Claudia não me ligava havia tempo. Normalmente, nos períodos tranquilos, ela não me contatava, pois dizia que não gostava de me incomodar. Ela julgava que o tempo de cada indivíduo era precioso demais para ser desperdiçado. Mas estava cansada e desanimada há vários dias, e entrou em contato comigo – seus olhos negros deixaram de brilhar.

Diante da nova crise de saúde, Claudia foi objetiva e se colocou à disposição para seguir o tratamento proposto.

Falei para ela que estaria a seu lado, para ajudá-la em todos os momentos.

– Conte comigo e com a sua família. Ela é seu alicerce pessoal. Todos estão confiantes na vitória.

– Obrigada, vou precisar desse apoio.

Claudia continuava com as sessões de quimioterapia, a cada 3 semanas, e melhorou dos sintomas de cansaço, porém, notou que estava mais inchada, principalmente no rosto e nas pernas. Eram efeitos do corticoide: embora reduzisse o

cansaço, ele aumentava a retenção de líquidos no organismo.
— Gostaria que diminuísse um pouco a quantidade de sal na sua alimentação e começasse a usar esse diurético em dias alternados — orientei.

Isto foi suficiente para ela se sentir melhor e voltar a trabalhar na empresa, no dia seguinte ao término da sessão de quimioterapia.

Claudia tinha uma irmã mais velha, Vera, e ambas apresentavam temperamentos semelhantes. As duas estavam afastadas há alguns anos em decorrência de uma antiga briga. Ficaram anos sem se falar. Claudia adoeceu e as diferenças foram deixadas de lado. Elas colocaram uma meta a cumprir: salvar Claudia do câncer. Vera tinha um comportamento amável e paciente. Em algumas ocasiões em que Claudia adoecera e precisara se internar no hospital, fizera-o em companhia da única irmã. Vera era espírita — quando Claudia teve o diagnóstico da recidiva no fígado, após ser operada novamente e passar pela quimioterapia, ela disse:

— Claudia não terá mais o câncer no fígado após o tratamento com a quimioterapia.

Claudia acreditava muito no que Vera costumava dizer. Quando crianças, brincavam juntas, e essa aproximação atual era benéfica, sob todos os aspectos. As duas irmãs estavam unidas novamente, com um objetivo em comum.

Pela perspectiva dos pacientes, recomeçar é desgastante. Repetir as náuseas, as dores na boca, os mal-estares...

— Claudia, hoje em dia temos remédios mais modernos para as náuseas — aconselhei, para que não se amedrontasse diante da recente dificuldade. Ela iria superar o novo desafio.

Parece fácil... entretanto, a maioria dos pacientes se sente deprimida e sabe das dificuldades que tiveram no primeiro tratamento.

As sessões eram a cada três semanas. Nos dias anteriores ao procedimento, Claudia tentava trabalhar mais do que o normal para compensar os dias parados. Ela sentia fadiga em alguns dias da semana. Essa fraqueza é provocada pela liberação de substâncias tóxicas provenientes do próprio tumor (prostaglandinas e fator de necrose tumoral). A sensação é de um trator passando por cima da paciente.

A nova quimioterapia levou seus cabelos novamente, mas com alegria e juventude mantinha um corpo conservado pelos exercícios físicos: treinava duas vezes por semana com o auxílio de um *personal trainer*. Além disso, adorava receber massagem corporal terapêutica.

— Continuo fazendo exercícios com meu professor de ginástica e tenho melhorado meu ritmo na esteira. Já consigo andar 30 minutos sem me cansar — Claudia dizia, alegre.

Essa intercorrência não a desanimou e ela teve forças para

prosseguir sua rotina. Contava aos funcionários da quimioterapia que a sua maior alegria eram os quatro netos: Adibe, Juliana, Pedro e Esther. Planejava que sairia, em breve, para uma viagem – o que geralmente se concretizava na companhia de um dos filhos ou netos. Conseguia sincronizar sua profissão com o esquema de tratamento, que, em geral, era marcado à tarde para permitir as reuniões matinais da sua empresa. Tudo era organizado para que chegasse no momento certo de receber a medicação. Com o tempo, conhecendo o procedimento, Claudia agia com precisão e sincronizava sua rotina diária do trabalho com a quimioterapia.

– Já calculei os dias da minha quimioterapia e estarei bem para os novos projetos da fábrica e de pesquisa clínica.

Naquela época, sua empresa lançou um novo produto no mercado e isso a entusiasmou pela possibilidade de viajar e fazer crescer a empresa, ao mesmo tempo. O novo medicamento vinha acompanhado das novas cores do logotipo da empresa, junto com o selo holográfico, que aumentava a segurança do produto contra a falsificação. Os medicamentos genéricos, 30% mais baratos do que os medicamentos de marca, ganhavam aprovação dos médicos brasileiros, e a lista de ofertas aumentava a cada ano.

Uma série de roubo de cargas, contendo medicamentos de alto custo, aconteceu nesse período no Brasil. Os remédios foram encontrados em vários pontos do país e, por isso, Claudia decidiu aumentar a biossegurança dos seus produtos.

– Esse é um momento importante pelo qual o mercado de medicamentos genéricos vem passando. Precisamos estar atentos a qualquer falha do sistema – sentenciava Claudia.

Capítulo 5
A PRIMEIRA DECISÃO

A CHEGADA DOS NETOS COINCIDIU com a primeira rodada da nova quimioterapia. Claudia tinha um filho e duas filhas. Todos trabalhavam na empresa familiar. A mais nova, Mariana, estava namorando e pretendia concretizar o casamento em breve. Ela tinha um sonho: velejar pelo Caribe. Montaria uma empresa de turismo náutico, que faria o circuito do Caribe. Ela e seu marido eram velejadores – esporte estimulado por Claudia – e organizavam as viagens marítimas. Isso era fruto do espírito empreendedor que Claudia transmitira a seus filhos. Em cada um da prole, podia-se ver um pouco disso: a maneira de enxergar as situações, de sair das crises financeiras, de conseguir empréstimos a juros baixos e ver as oportunidades como uma fonte de renda. Todos eram jovens e empreendedores.

Mariana adiantou a data de seu casamento, em parte, devido ao retorno da doença no fígado de Claudia.

— Mãe, vou casar com o Caju e quero te ver linda no meu casamento — Mariana disse, entusiasmada.

— Estarei bem para a festa e vamos fazer uma grande celebração — respondeu Claudia.

As semanas seguiam tranquilas, com muito sucesso pela redução acelerada do tumor, decorrente das sessões de quimioterapia. Os medicamentos novos traziam certo sofrimento, como mal-estar e fadiga, mas Claudia reagia bem ao tratamento.

A primeira decisão veio através da possibilidade de cirurgia para remover as metástases do fígado: um procedimento, na época, não padronizado, cuja eficácia seria confirmada posteriormente. É a chamada citorredução do câncer de mama. A citorredução consiste no emprego de quimioterapia ou hormonioterapia na tentativa de reduzir o tamanho do tumor antes da cirurgia. É aplicado para tumores de alto volume, com até 3 cm de diâmetro. Em situações de ótima resposta (desaparecimento do tumor), conhecida como R0 (redução zero), a cirurgia complementar pode ser reduzida em extensão. Isso representa uma cirurgia menos radical e com menor sequela para a paciente. Entretanto, a mentalidade empresarial ficou expressa:

— Se é para cortar algo não adequado, vamos fazê-lo o mais breve possível para que a situação volte a funcionar com eficácia.

Cortar, significava a remoção de uma parte do fígado. O procedimento não é complicado, mas leva a uma insuficiência do fígado por algumas semanas.

Na mesma época, a empresa de Claudia sofria com a crise econômica mundial e a única solução financeira para reduzir custos era despedir um certo número de funcionários. Para Claudia, era o mesmo raciocínio, ou seja: ela precisava eliminar (cortar) o problema e continuar com a empresa sadia (seu corpo) e funcionando bem.

O comportamento dos líderes empresariais é diferente da maioria das pessoas. Talvez isso explique por que alguns pacientes se comportem de maneira destemida em relação a algumas decisões cruciais, como aceitar cirurgia ou um novo tratamento. Eles pensam e raciocinam para, depois, concluírem que tão logo seja iniciado o processo de reparação, mais rápida será a recuperação da crise.

Muitas vezes, ficamos com medo de tomar decisões difíceis, principalmente se vamos perder o conforto e alterar nossa rotina. Por isso, normalmente, a mentalidade de empresários e executivos de sucesso é diferente da do restante da população. Pessoas bem-sucedidas tendem a crescer diante da crise e não se abalam diante do primeiro insucesso. Muitos tiveram quedas anteriormente e puderam reerguer-se novamente. Eles aprenderam com a crise e tiraram lições dessa fase. Vários milionários dizem que cresceram e prosperaram depois de várias perdas financeiras. O indivíduo vencedor sente medo, mas avança; o perdedor fica parado, estático, e não consegue progredir. Essa é minha explicação para o sucesso de Claudia ao longo de onze anos de tratamento de uma doença metastática.

Acho que esse comportamento pode ser aprendido. Não significa que somente indivíduos com elevado poder financeiro terão mais sucesso na saúde do corpo do que os demais. Digo apenas que esse espírito de liderança pode beneficiar os pacientes, de alguma maneira. Portanto, aprender os ensinamentos de gestão de Claudia poderia ajudar outros doentes no futuro.

A primeira dificuldade foi encontrar um cirurgião do aparelho digestivo disposto a operar a paciente. Isso porque poucos acreditavam no benefício da cirurgia citorredutora. Um dos primeiros cirurgiões consultados, muito famoso, disse ser contrário à cirurgia, uma vez que a paciente morreria em breve. Esta afirmação foi feita há dez anos.

– Acho que essa paciente não passa de seis meses de vida com os nódulos no fígado. Portanto, não vejo qual o benefício de realizar uma operação nela – disse o cirurgião.

Procurei outro cirurgião e expliquei as características da paciente. Informei que o temperamento de Claudia era de luta, que ela venceu várias batalhas no passado e mereceria uma chance de continuar viva e trabalhando.

Esse cirurgião concordou em realizar a operação, que ficou agendada para após o término da rodada de quimioterapia. As sessões de medicamentos não foram tão intensas e desgastantes como as anteriores. Claudia acreditava que o seu corpo ia se adaptando ao novo remédio e, por isso, ela não tinha muitos efeitos colaterais.

Terminada a quimioterapia – e antes da cirurgia –, a paciente partiu para uma das muitas viagens internacionais que realizaria. Claudia viajou com o marido João para a Europa. Dirigiram por muitos quilômetros e beberam diferentes vinhos. Foram atrás dos locais onde os cães farejadores acham as famosas trufas negras, de cheiro e sabor intenso. Essas trufas são difíceis de serem localizadas, pois ficam embaixo da terra e são encontradas apenas por cães treinados. Elas são caríssimas e disputadas por cozinheiros de todo o mundo. Devido ao seu alto custo, elas são utilizadas para dar um sabor especial às pastas italianas.

– A viagem foi ótima. Tomamos vinho e experimentamos trufas negras em um castelo em Paris, que ficava no Vale do Loire, na França; um local centenário, com castelos medievais e muitas histórias de reis e rainhas. Alugamos um carro e fomos dirigindo, procurando os melhores vinhos para degustar.

– Pena que durou pouco... Poderia ficar mais algumas semanas viajando. Porém, tenho de passar por uma cirurgia.

Esse comportamento animado demonstrava que Claudia enxergava o lazer como parte importante da recuperação após a quimioterapia. O modelo organizacional conciliava o lazer com o cronograma do tratamento. Ela agendava, cuidadosamente, a data da quimioterapia, da cirurgia, além da previsão dos piores dias necessários ao repouso domiciliar. Posteriormente, aproveitava os dias sem quimioterapia e programava, igualmente, as viagens com a família.

Tudo era esquematizado em detalhes por Claudia para que nada desse errado. Contatava com frequência a agência de turismo, além de lotar, antecipadamente, sua agenda social, profissional e ambulatorial. Tudo era feito de maneira organizada e precisa, até mesmo durante as viagens: compra de passagens, transporte ao aeroporto, carro alugado, reserva do hotel, passeios agendados. Tudo regado a muito vinho, que Claudia tanto apreciava.

– Celso, sinto-me ótima. Posso fazer a cirurgia? Quero recomeçar a minha vida.

Após o término do sexto ciclo de quimioterapia, o cirurgião foi chamado para operar o nódulo no fígado. A expectativa seria de uma intervenção grande, com possibilidade de várias horas de cirurgia.

Vera voltou a afirmar a sua visão de que não haveria mais tumor a ser retirado.

– Tenho certeza de que não existe mais tumor no fígado – sentenciava Vera.

Realmente, foi confirmada por ultrassom intraoperatório a ausência de tumor no fígado. Um fragmento do fígado foi retirado pelo cirurgião e o exame anatomopatológico atestou ausência de tumor naquele material. Isso permitiu a aproximação de Vera para dentro da família de Claudia. Ela se mudou para o apartamento da mãe, que ficava no mesmo prédio de Claudia, e assim pôde compartilhar com ela todos os momentos do tratamento.

– Agora vou poder ficar junto da Claudia. Estivemos separadas por alguns anos, mas tudo ficou para trás. Precisamos encontrar a cura para a minha irmã.

A recuperação de Claudia no pós-operatório era impressionante. Alguns pacientes sentem desânimo nos dias subsequentes à cirurgia. Claudia, por sua vez, esbanjava vitalidade e logo recebeu alta.

– Não quero ficar um minuto além do necessário. Tenho muito serviço na empresa e vocês, médicos, têm de trabalhar. Por isso, estou indo embora para minha casa!

Capítulo 6
MOMENTOS DE DESCANSO

TERMINADA A CIRURGIA, Claudia queria agora organizar a festa de casamento de Mariana, sua caçula.

– Vou poder aproveitar o casamento da minha filha mais nova? Estarei em condições de participar desse evento? – Claudia perguntou.

– Claro, você está ótima e deveria utilizar toda sua energia no projeto do casamento! A Mariana está muito feliz com o seu sucesso no tratamento e espera que você esteja bem para a festa – confirmei, movendo a minha cabeça em sentido positivo.

E era isso que Claudia visava: estar bem para o casamento de Mariana. Não queria parecer doente.

Planejara, durante a quimioterapia, cada detalhe do casamento: local da festa, as comidas e vinhos que seriam servidos durante a cerimônia. O lugar escolhido foi o salão de festas de um restaurante muito conhecido em São Paulo. A localização era perfeita, e em um bairro de fácil acesso.

— Estive trabalhando nestas últimas semanas na festa da Mariana. Nada pode sair errado. Você sabe que sou perfeccionista!

No dia do casamento, algumas dezenas de manobristas se perfilaram diante do restaurante para saudar os convidados. Mariana estava feliz, pois a mãe realizou o desejo de vê-la casada de véu e grinalda. Todos os detalhes tinham a mão de Claudia. Da disposição dos doces aos arranjos florais, tudo fora pensado para estar de acordo com um megaevento.

A mesa de doces foi realçada pelos arranjos, que se assemelhavam a verdadeiras esculturas, com diversas cores e sabores. Ninguém resistia – mesmo os que estavam em regime alimentar, se entregavam ao prazer da gula.

A mente de Claudia tinha o perfeccionismo dos grandes empresários. Foi dessa forma que ela planejou e estruturou o casamento da filha, com tantos detalhes, de modo que sobrou pouco tempo para pensar na doença e se lamentar. Por isso, Claudia raramente foi abatida pela depressão, o que a livrou da prescrição de antidepressivos. Estimular áreas do cérebro com pensamentos positivos traz felicidade e sensação de bem-estar.

A segunda crise pessoal já durava alguns meses, mas Claudia, otimista, alegava que o pior já passara. O casamento se realizou e, como esperado, foi um sucesso. Nada dera errado e Mariana estava radiante. Claudia, de peruca e com uma bandana na cabeça, estava presente e feliz no casamento. O sucesso do matrimônio, aliado ao resultado positivo de seu tratamento, a alegrara.

– Sinto que estou viva novamente. Não sinto cansaço e os meus pensamentos fluem normalmente. Não estou mais esquecendo o nome de ninguém, como ocorria no passado, e tenho disposição para tudo – festejava Claudia, em tom firme.

– Muitas vezes, durante o tratamento, achava que não iria aguentar. Mas sabia que o caminho a percorrer seria longo e penoso. Então estou feliz por ter chegado até aqui.

– Quero continuar vivendo e fazendo o que gosto. Estou com muita disposição. Ainda mais agora, com dois netos a caminho: Bruna e Eduardo. – Claudia tinha um carinho especial por todos os netos e, frequentemente, achava um jeito de reunir a prole em sua casa.

A ciência auxiliou o tratamento de Claudia, no momento certo, com o surgimento dos anticorpos monoclonais. Esses anticorpos pertencem a uma nova classe de medicamentos: drogas-alvo. São moléculas inteligentes que identificam uma parte da célula e se acoplam ao receptor da mesma. Assemelham-se a uma chave entrando na fechadura: o acoplamento é perfeito e somente uma chave específica abre a fechadura desejada. No caso de tumores, corresponde a uma porção da célula que responde pela sua ativação. Ao bloquear essa proteína, a célula não é ativada e entra em morte celular programada (apoptose). E, com isso, a célula cancerosa morre.

A história dos anticorpos monoclonais remonta a 100 anos atrás, quando um médico, Paul Erlich, descrevia que, em um futuro próximo, haveria "balas mágicas" que iriam atacar alvos dentro do organismo e diminuiriam os efeitos colaterais das drogas.

Claudia começou a receber o anticorpo monoclonal que mudaria o destino do seu tratamento. A trastuzumabe havia sido liberada naquele ano e pouco se sabia de seu benefício a longo prazo.

– Você conseguiu chegar até esse momento devido a sua personalidade e fé no tratamento – eu disse, em tom calmo.

Nesse momento, todos os membros da família estavam chorando. Era um cena fabulosa. Todos se abraçavam – estava terminada outra batalha.

Claudia agradecia pelo resultado conseguido e partia para mais uma viagem de descanso.

O surgimento da trastuzumabe e a decisão de Claudia, ao incluir o medicamento em seu tratamento, foram acontecimentos providenciais: alguns anos depois, a droga viraria tratamento padrão, por 52 semanas.

Capítulo 7
A NOVA RECIDIVA

CLAUDIA PERMANECEU BEM por dois anos, sem progressão da doença, mas uma nova crise levaria Claudia à crença de que sua doença recidivava a cada dois anos: em 2004, foi detectada uma metástase em linfonodos no abdome, e, como não havia evidência de doença sistêmica, ela recebeu radioterapia local.

— Essas recidivas acontecem em um prazo de dois anos. Eu sei quando o tumor está para retornar. Desta vez, senti uma pressão enorme em meu peito, por isso pedi que você me avaliasse — relembrava Claudia.

Esse tipo de percepção do paciente ocorre frequentemente na prática médica. Quando era jovem, me assustava com essas afirmações dos pacientes. Assemelhavam-se a algo sobrenatural. Eu não entendia direito como essas pessoas sentiam alguma coisa anormal em seu corpo.

As crises financeiras empresariais ocorrem em intervalos de dois a quatro anos. Quando em um determinado ano há prosperidade, no subsequente os lucros são mínimos ou irrisórios. Todos os grandes empresários sabem que não existe crescimento econômico sustentado. Um ano pode ser bom e noutro não ocorrer qualquer crescimento ou, até mesmo, haver prejuízo. Por isso existe o plano de metas a serem alcançadas, ao final de cada ano.

Com Claudia ocorria o mesmo. Ela planejava e escrevia em seu diário as metas que deviam ser atingidas durante o tratamento. Ao final, fazia-se o ajuste entre o esperado e o obtido, oficialmente.

Após a confirmação da recidiva, a paciente foi encaminhada para o setor de radioterapia para realizar 21 sessões de tratamento. A radioterapia mata o tumor empregando radiação ionizante. O DNA (ácido desoxirribonucleico) da célula cancerosa é quebrado e, com isso, a mesma entra em morte celular programada.

Claudia já recebera radioterapia no passado, por isso conhecia os efeitos adversos na pele e sobre o seu corpo.

– A vermelhidão nas minhas costas já está diminuindo com o uso do creme com corticoide e existe somente um prurido pequeno nessa região – apontava Claudia, com um dos dedos.

Após a radioterapia empregando fótons, achei que era momento de irmos até um Centro Americano para uma segunda opinião. O centro escolhido foi o de Houston, no Texas. Lá existe um hospital com grande experiência em tumores iguais ao de Claudia. Durante a viagem a bordo do seu jato particular, Claudia me mostrou a embalagem do futuro lançamento de um produto de seu laboratório. Chamava muito a atenção a apresentação do medicamento que, em poucas semanas, estaria à venda em todo o Brasil. Essa embalagem chamava a atenção, pois tinha figuras de partes do corpo humano onde o medicamento atuava. Como em outras vezes, ela estava feliz com o resultado do produto final embalado para venda.

– Este novo medicamento será um grande sucesso – afirmou Claudia, com entusiasmo. – Com certeza, iremos vender uma quantidade enorme deste produto.

Isso revelava que, enquanto viajávamos várias milhas por hora, o pensamento de Claudia estava voltado para os números e decisões importantes a serem feitas na empresa.

Percebo que, ao trabalhar, Claudia conseguia se manter equilibrada. Por isso, fazer o que gosta e aproveitar o tempo em atividade profissional são os caminhos para uma melhor convivência com o câncer.

Ao chegarmos ao Centro Americano, fomos recebidos pelo médico da equipe e conversamos sobre a evolução do seu tratamento.

Nos primeiros dois dias, Claudia refez alguns exames, dentre eles algumas tomografias e um mapeamento de corpo inteiro. No quarto dia, retornamos ao mesmo centro e o médico confirmou os nossos achados e concordou com o tratamento realizado até o momento. Aconselhou parar a administração de trastuzumabe, uma vez que não havia evidência de benefício após um ano de uso consecutivo.

Claudia ficou feliz com o resultado apresentado pelo médico americano e retornamos ao Brasil no mesmo dia.

Capítulo 8
A VIDA EM FAMÍLIA

CLAUDIA SEMPRE TRABALHOU durante a quimioterapia. Em 2006, dois anos depois da última recidiva (retorno da doença), confirmamos a presença de nódulos nos pulmões e na região do fígado. Claudia nada sentia nesse momento, nem mesmo tosse ou qualquer alteração clínica. O seu estado de saúde era ótimo.

– Celso, me sinto bem. Estou fazendo os exercícios físicos regularmente, toda semana. Estou preparada para reiniciar a quimioterapia. Sei que não será fácil, mas me sinto preparada para esse novo desafio.

Um remédio novo, recém-lançado no mercado americano, foi acrescentado ao tratamento de Claudia. Esse medicamento tinha como alvo a inibição da formação de vasos, que nutrem o tumor. Dessa forma, ao se inibir a circulação de nutrientes para o tumor, ele acaba morrendo de "fome".

Claudia recebeu o primeiro ciclo e decidiu viajar com a família para aproveitar as festas de fim de ano. Apesar de debilitada pela quimioterapia, viajou para Comandatuba. Imagine a cena: depauperada pelo tratamento, à frente de um farto jantar de *réveillon* oferecido pelo *resort*. Poucos suportariam a tentação das deliciosas sobremesas, mas Claudia, ciente de sua condição, não alterava o seu regime alimentar espartano, com água de coco e picolé de limão.

– Você não imagina o que é ver toda aquela comida deliciosa e não poder comer nada. Tinha peru, pernil e todas as comidas típicas de fim de ano, mas eu não podia comer nada – reclamava Claudia.

Pedi que tivesse paciência, pois tudo era passageiro. Assim que o pâncreas melhorasse, ela poderia comer normalmente. Nesse momento, era melhor manter o regime frugal que adotara.

– Apesar de tudo, aproveitei para ficar com os meus netos. Andamos de bicicleta e pude ficar agarrada a eles – dizia sorridente.

Passadas algumas semanas do início do ano de 2007, Claudia me perguntou se poderia ir a Angra dos Reis para celebrar a chegada de seu barco novo. Ela tinha paixão por barcos. Talvez mais do que isso: ela adorava pescar!

Sempre que podia, viajava durante o intervalo da quimioterapia, na companhia de amigos, para sua fazenda em

Mato Grosso. Em uma das vezes, enroscou um anzol em suas costas ao fisgar e retirar do rio um enorme peixe. Foi necessária a remoção do anzol metálico de seu músculo e a introdução de vacina e antibióticos para a resolução do problema.

– Pelo menos era um peixe bem grande e valeu a pena ter enganchado o anzol em minhas costas – relembrava Claudia. – Estou feliz, pois consegui voltar a pescar; um esporte que eu adoro.

Falava assim, com empolgação, mas as suas mãos estavam ressecadas pela quimioterapia e ainda tinha dificuldade para engolir os alimentos. Às vezes, tinha de parar de falar pois apresentava dor no esôfago

— Estou bem, mas de vez em quando fico cansada com todo o movimento. Mas desejo continuar vivendo intensamente — dizia Claudia.

O barco era completo, com vários quartos para os acompanhantes e sonar para identificação de cardumes e medição da temperatura da água. Esses equipamentos modernos são capazes de se localizarem pelo GPS (Global Position System) e identificam os melhores locais para achar os peixes grandes.

As pescarias eram oportunidades para reunir a família, um dos maiores prazeres de Claudia. Ela gostava de comemorar datas e levar todos para os passeios de barco.

— Celso, minha maior alegria são os meus netos. Faço tudo por eles.

Realmente, Claudia chamava todos os netos para a sua casa ou para a fazenda. A proximidade com a família trazia conforto e minimizava o seu sofrimento.

Nos raros momentos de depressão, pedia que os seus netos viessem a sua casa para ficar com ela. A presença das crianças deixava Claudia mais tranquila e, finalmente, ela conseguia repousar.

A vida de Claudia tem alguma semelhança com a de Randy Pausch, autor do livro *The Last Lecture* (*A Lição Final*, na versão brasileira), que relata a história real de um professor de Ciência da Computação norte-americano, de 45 anos de idade, com diagnóstico de câncer de pâncreas.

Entre os ensinamentos de Pausch, há ênfase na importância de passar a maior parte do tempo com a família. Por esse motivo, gravava vários vídeos para que seu filho de dois anos de idade, um dia, se lembrasse do pai.

Somos privilegiados com a moderna tecnologia que nos permite recordar fatos passados através de fotos e vídeos. Inclusive passamos a conhecer um passado não vivenciado. Eu mesmo não me lembro de meu pai, que faleceu quando eu tinha apenas três anos de idade. Passei minha juventude imaginando como seria sua voz, postura, feição, pele etc. Levaremos para sempre algumas cicatrizes da vida em nossa existência. A ausência de uma figura paterna é importante, mas, se a família tem uma boa estrutura psicológica, consegue manter os seus membros unidos e livres de problemas sociais. Isso marcou, continuamente, a minha vida.

Randy Pausch foi além e tomou uma atitude mais radical: demitiu-se do trabalho na Universidade Carnegie Mellon, onde lecionava, para passar tempo integral com a esposa e seus três filhos. Permanecia a maior parte possível do tempo com todos, inclusive em viagens programadas.

O livro me veio à mente porque Claudia utilizou a mesma estratégia: sempre que possível, unia a família nos intervalos da quimioterapia. Algumas vezes, essa união familiar trazia benefícios não apenas para ela, mas também para os seus familiares.

Isso se comprovou em uma de suas viagens a Santa Catarina, quando Claudia participou de uma festa em Florianópolis organizada por seu filho João, para o time de vôlei que a sua empresa patrocinava, e foi fundamental ao amenizar os ânimos após uma briga familiar.

João Adib, seu filho mais velho, sempre gostou de esportes e carros. Sua paixão pela marca Lamborghini o fez ser proprietário do primeiro veículo dessa marca em Florianópolis. Ele é responsável pela área comercial e de marketing da empresa familiar, e foi quem optou pela compra do primeiro avião e helicóptero. Com uma mente arrojada e visionária para grandes lances de marketing, ele havia decidido apoiar o time de vôlei masculino, sediado em Florianópolis, que ganhara o campeonato brasileiro com grande repercussão no cenário nacional. O jogo final do time, apoiado pela empresa de Claudia, foi televisionado para o Brasil todo, com grande destaque para a marca de sua empresa.

Por outro lado, João motivou várias discussões na família. Uma delas aconteceu quando foi presenteado por Claudia com uma participação mais vantajosa na empresa, em detrimento das outras duas filhas, que não ficaram satisfeitas. A filha do meio, Karla, tem o comportamento mais parecido com Claudia. Sempre conciliadora e, na ausência da irmã mais nova, que se encontrava na Austrália, era a acompanhante oficial de Claudia em suas várias viagens para Paris durante os intervalos da quimioterapia.

Nem sempre reuniões familiares são confraternizações de alegria. Nesse período, Claudia pensou que a discussão iria desunir a família. Foram momentos tensos e difíceis que ela teve de enfrentar na administração da empresa. Porém, sua agilidade empresarial pôs fim à crise e as coisas se assentaram. Como em qualquer família, há momentos agradáveis e outros de maior tensão. Mas Claudia sabia lidar muito bem com a situação e sempre mantinha a família unida.

Capítulo 9
A ADMINISTRAÇÃO

Uma nova crise em sua "empresa corporal" ocorreu em 2008. Claudia sempre manifestava como gostaria de encaminhar seu tratamento. No início, durante as recidivas, relutava em fazer um novo tratamento, com desculpas evasivas de estar cansada, deprimida, atarefada, entre outras. Uma massa de 8 cm de diâmetro foi identificada em seu fígado. Um novo esquema de quimioterapia foi planejado para ela. Uma nova droga, recentemente liberada pela FDA (agência americana de saúde), foi utilizada em Claudia. A vantagem era a formulação oral. Além disso, ela teria de tomar um medicamento não usado anteriormente, e que levaria os seus cabelos novamente.

Claudia sempre dizia que não tinha mais forças para reiniciar um novo tratamento. Isso é plausível, pois os pacientes que já passaram por sessões de quimioterapia sabem como é difícil essa situação. A lembrança do sofrimento passado torna o presente mais sombrio.

– Estou cansada de tudo isso. Às vezes, penso que a morte seria a melhor solução. Porém, vejo os meus netos e filhos, e penso muito neles. Eles me dão energia para continuar lutando – dizia Claudia.

– Sei que não é fácil, mas você tem tido respostas fantásticas ao longo desses 9 anos de tratamento. Não deve ter medo.

– Mas, eu tenho!

– Todos temos os nossos medos e incertezas.

– Sim, mas cada vez que recebo a notícia da volta da doença, vou ficando mais fraca e sem forças...

Pequenas lágrimas saíam dos olhos de Claudia.

Uma vez rendida e conformada, ainda fazia as coisas de tal modo que parecia discordar do plano terapêutico para, depois, aceitar o planejado.

Isso não significa se enganar sobre a real situação da doença. Os médicos sabem informar até onde é possível chegar com o tratamento. É interessante ressaltar que o mesmo sentimento ocorre no início de um novo empreendimento, quando o medo sempre é exagerado pelo desconhecido. Não é possível prever o futuro e saber se haverá sucesso, fracasso, desilusões, frustrações etc. A angústia é ainda maior, pois só saberemos essas respostas após um ano de luta. Grosso modo, 85% dos empreendedores falham no primeiro ano do novo negócio e encerram as suas atividades operacionais.

As expectativas e o medo são semelhantes na saúde e nos negócios. Há uma expressão inglesa que se encaixa nesse contexto: "*fishing expedition*". Sua tradução literal é "expedição de pesca". É o caminho percorrido pelo paciente oncológico diante de um novo tratamento sem saber se haverá redução do tumor, estabilidade da doença ou mesmo a cura.

Nos últimos anos, a ciência progrediu para desenvolver novas classes de drogas: inibidores da tirosina quinase, drogas antiangiogênicas, bloqueadores de receptores etc.

A tirosina quinase é uma enzima responsável por uma das vias de ativação celular e consequente perpetuação do crescimento. Em uma célula tumoral, o bloqueio dessa via resulta na morte celular. Uma das vantagens dessa droga é a sua formulação oral.

Já a angiogênese é um mecanismo de defesa da célula, que cresce em tamanho, consumindo mais nutrientes do corpo graças a um emaranhado de vasos criados pelo próprio tumor. Drogas antiangiogênicas visam inibir o crescimento tumoral pela redução de vasos sanguíneos, privando o câncer de alimentos (matando por inanição).

Finalmente, os bloqueadores de receptores podem ser os anticorpos monoclonais, específicos para uma porção de células ou moléculas pequenas que se ligam especificamente ao receptor da célula, responsável por sua ativação e crescimento.

De certa forma, essa revolução mudou nossas expectativas de sobrevida para qualidade de vida. Ou seja, a estabilização do tumor, mesmo sem sua redução, já é visto como uma boa resposta ao tratamento.

— Muitas vezes, ter o tumor sobre controle, impedindo o seu crescimento rápido e desordenado, significa uma ótima resposta — eu acrescentava, sempre que podia, aos ouvidos de Claudia.

— Eu entendo o que você diz. Mas, para o doente, ele quer escutar que o tumor regrediu, se possível, 100%. Essa história de estabilização ou não crescimento é interessante, mas frustra o paciente.

Enquanto isso, a nova fábrica entusiasmava Claudia pelo aumento da produção dos remédios e diversificação de seu portfólio.

— Estou muito feliz, pois aumentamos o número de medicamentos produzidos pela fábrica nova. Estamos vendendo para o governo brasileiro e tivemos uma consulta para a compra de um grande lote por um governo da América Latina.

Claudia também revigorava seu ânimo com a realização de sua filha Mariana, que partira na viagem de seus sonhos: velejar com o marido pelo Caribe. Apesar de frustrada com o projeto da filha mais nova, já que ela desejava que Mariana seguisse o caminho dos irmãos na administração da empresa da família, ela a apoiaria incondicionalmente.

– Sabe, a gente acha que pode segurar os filhos próximo da gente. Isso é um certo egoísmo nosso. Eles crescem, adquirem asas e voam sozinhos posteriormente.

Nada a desviaria do seu intuito básico: manter todos próximos e unidos. Se possível, unidos pela empresa; mas Mariana seguia seus próprios passos. Teve o primeiro filho, Kaique, em 2007. Apesar de seu roteiro pessoal, ela permanecia muito ligada à família. Claudia sempre a apoiou e esteve ao seu lado, mesmo quando Mariana se distanciou em viagem à Austrália, onde a visitou no intervalo da quimioterapia. Mariana, ao perceber que o câncer avançava em Claudia, preferiu voltar ao Brasil e cuidar de uma das fazendas da família, para ficar próxima da mãe. Claudia entendia o comportamento de Mariana: sendo a mais jovem, queria mostrar o seu valor longe dos domínios maternos. Isso parece ser frequente em famílias onde o sucesso dos pais atrapalha a criatividade dos filhos. Os filhos devem se superar, e não podem falhar, uma vez que os pais atingiram o sucesso financeiro.

Tudo caminhava bem. Claudida estava trabalhando quando, em outubro de 2009, surgiu a quarta crise, com o aparecimento de nódulos no fígado e comprometimento dos canais biliares (que eliminam a bile). Um tratamento quimioterápico foi iniciado com uma droga recém-lançada nos Estados Unidos. Para evitar o entupimento dos canais biliares, um *stent* (tubinho) foi colocado no interior do ducto biliar. Apesar desse recurso, ela evoluiu com uma pancreatite (inflamação do pâncreas) e, como consequência, Claudia não poderia mais tomar os vinhos que tanto apreciava.

– Agora, definitivamente, não poderei mais beber os vinhos que tanto aprecio. Acabou o meu prazer.

– Sim, por um período, você deverá renunciar ao vinho.

– Mas, também, não irá me fazer falta. Tenho muita força de vontade e conseguirei ficar sem o meu vinho.

Essa determinação ficou acertada e ela nunca mais voltou a tomar vinho.

Precisávamos agora de um novo esquema quimioterápico. Novamente, há semelhança com a vida dos empreendedores que enfrentam crises a cada dois anos para, superadas, retomarem o crescimento.

Claudia entendia isso como um novo plano de negócios, que deveria ser avaliado por ela e elaborado num estudo de viabilidade. Ela testava as ideias rascunhando em um papel, depois ouvia os argumentos para decidir sobre a operacionalização. Ela tinha uma visão integrada de todo o conjunto, devido aos anos de luta contra a doença. O cronograma exato era elaborado em poucas horas, após termos definido o conjunto de medicamentos que receberia naquela fase. A última etapa era a parte operacional, em que ela buscava na tranquilidade da família os meios para executar o plano, neste caso específico, o regime de quimioterapia.

Esse plano de negócios parece simples, mas levou alguns anos para eu perceber como Claudia trabalhava com o problema (retorno da doença) e a maneira de obter a solução.

Claudia, induzida pela frequência dos retornos da doença, decidiu intensificar as viagens pelo mundo. Partia para Paris, com frequência, no intervalo das quimioterapias. Na cidade luz conciliava seus dois grandes prazeres: permanecer junto à família e fazer compras. Naturalmente, o fato de ter condição financeira possibilitava satisfazer seus dois prazeres. Porém, sem saber, atuava no ponto principal da melhora do tratamento: aproveitar qualquer tempo livre.

– Paris estava linda. Fui até a Notre Dame e tomei sorvetes da Berthillon. Esses sorvetes são famosos pelos sabores e a consistência da massa.

Sorvete era um dos poucos alimentos que Claudia conseguia ingerir sem ter problemas digestivos.

Nem todo paciente apresenta condição financeira semelhante à de Claudia. Porém, a principal mensagem, independente do recurso em questão, é utilizar seu tempo entre as quimioterapias para sentir prazer e bem-estar hoje, sem pensar no passado nem no futuro. O momento é o hoje e o que pode ser feito.

Claudia entendia bem essa filosofia e conseguia manter os pequenos prazeres, a despeito do seu estado geral.

Todo paciente pode vencer nos seus empreendimentos, começando pelo maior desafio: ele mesmo. Lógico que Claudia tinha medo de morrer, apesar de não tocar nesse assunto comigo. Expressou esse temor apenas uma única vez, ao ser operada devido a outro sangramento digestivo. Finalmente, aflorou o medo que faz parte do ser humano. Saber domá-lo é um dos maiores desafios da nossa existência.

Vários pacientes têm esta característica de enfrentamento dos problemas. O medo de morrer, se haverá muita dor ou se os familiares irão transferi-lo para uma Unidade de Terapia Intensiva, são os pensamentos mais comuns nesta fase.

Claudia continuava firme, mesmo com a pancreatite que limitava a sua alimentação. Chegou a perder 15 kg durante esse período. Outro problema enfrentado era o de uma pequena coleção líquida no fígado, formando um nódulo cístico. Foi realizada uma drenagem com uso de um cateter especialmente implantado em seu fígado e, com isso, a infecção que sempre retornava, foi debelada.

A paciente foi submetida a uma gastroduodenopancreatectomia (retirada de parte do estomago e do pâncreas) e hepatectomia parcial (retirada de parte do fígado). A mesma apresentou infecção e desenvolvimento de febre e queda das plaquetas. Rapidamente, em razão de pouca resposta, o antibiótico foi trocado por outro de maior poder bactericida e, a seguir, foi acrescentado um medicamento contra fungos. Inicialmente, o débito pelo dreno abdominal era hemático (com sangue) e, por isso, recebeu concentrado de plaquetas e plasma fresco. Eram momentos de tensão e achávamos que Claudia não suportaria esse quadro infeccioso disseminado.

Um dia teve efeito paradoxal ao medicamento Midazolam, vindo a ter quadro alucinatório e ficando incapaz de dormir pela agitação.

A família estava aflita e orando por uma resolução do quadro.

Progressivamente, Claudia foi melhorando e pôde ser transferida para um quarto longe da UTI.

Capítulo 10
A ROTINA DIÁRIA CONTINUA

Claudia conheceu várias pacientes durante a sua jornada de tratamento. Uma delas a marcou muito por sua atitude e ações. Em 2007, Claudia conheceu Graça, que viria a se tornar uma amiga e confidente.

Graça, ou melhor, Maria da Graça, sempre foi bonita desde a juventude, quando ganhou um concurso de modelo. Seu sorriso inspirava confiança e seus lábios bem carnudos formavam um conjunto harmônico com o seu rosto. Graça tinha as mãos talentosas e tudo que tocava virava uma obra de arte. Ela tinha câncer de mama com os mesmos marcadores tumorais de Claudia. O potencial de retorno da doença era elevado e a chance de morrer, grande. Ao saber que perderia os cabelos, chorou muito por alguns dias.

— O mais difícil não é o diagnóstico de câncer, mas saber que vou perder o cabelo.

— Sim, infelizmente, esse é um efeito colateral que não conseguimos controlar ou impedir – eu comentava, com voz baixa.

Após o término do primeiro regime de tratamento com quimioterapia, a doença voltara com muita agressividade em seus pulmões. Ela apresentava tosse e dificuldade respiratória para falar. Mesmo cansada, conseguia expressar-se com delicadeza. Graça, ao saber da recidiva da doença, procurou por Claudia, que não via há certo tempo.

— Você precisa ter forças, Graça, pois sei muito bem o que é a recidiva do tumor — comentou Claudia.

Graça vinha com o mesmo brilho nos olhos, apesar do medo pela progressão do seu câncer. A diferença entre as duas amigas era imensa. Graça era artista plástica e, portanto, tinha muita habilidade manual. Entretanto, não queria saber nada sobre a doença. Simplesmente se entregava às orientações e condutas médicas. Era seu marido que tinha o controle da situação, utilizando os mesmos processos, ideias e fundamentos que Claudia.

– Celso, quando tiver que dar alguma notícia ruim, faça-a para mim e não para a Graça. Ela ficará deprimida e não resolverá nada – falava Beto, o marido.

Neste caso, o marido, empresário de confecção, traçava metas a serem alcançadas, sem medir esforços para permanecer ao lado de Graça em todos os momentos difíceis do tratamento. Era capaz de se ausentar de uma reunião importante em seu escritório para ficar junto da esposa durante as sessões de quimioterapia. O seu envolvimento era intenso, a ponto de chamar a atenção das pessoas, que se comoviam ao ver o carinho com que ele cuidava dela. Graça também apresentou resposta satisfatória aos novos esquemas de quimioterapia, fruto da evolução da ciência. Além disso, por ser jovem, tolerou melhor a quimioterapia. Teve menos mucosite (inflamação da boca) e poucas internações durante o seu tratamento

Graça tinha um sonho: casar de véu e grinalda na Igreja de São Bento, em São Paulo. É uma das mais antigas igrejas da cidade e, nos finais de semana, apresenta música beneditina e cantos gregorianos em arranjos feitos pelos padres.

Graça queria resgatar algo que deixou no passado quando casou com um homem divorciado e, portanto, sem autorização religiosa de cerimônia na igreja. Isso não a desanimou na luta pelo seu ideal: seu marido solicitou a anulação de seu primeiro casamento ao Papa. Após um processo lento e caro, veio a notícia da realização de seu sonho mágico: o Vaticano anulara o casamento. Graça poderia, finalmente, realizar o seu grande sonho aos olhos de seus filhos já crescidos.

– Vou poder casar de véu e grinalda no Mosteiro de São Bento! – dizia Graça, radiante com a informação.

Como vimos, um sonho importante nos deixa motivados e animados. Isso reflete no tratamento, amenizando os efeitos deletérios da quimioterapia.

Durante as sessões de quimioterapia, Graça trazia amostra de tecido da sua roupa de casamento ou esboços de cada parte da festa. Semelhante ao ocorrido com Claudia, estabelecer metas para um projeto reduz a incidência de depressão.

Tudo caminhava bem: o tumor regredia nos pulmões, enquanto Graça organizava o matrimônio. Finalmente, em janeiro de 2007, falou-me dos preparativos do casamento. Pego de surpresa, perguntei qual seria a data do casório. Tive receio de que a quimioterapia pudesse não surtir o efeito desejável por muito tempo. O casamento deveria ser logo pois, em geral, a doença estabilizava por cerca de seis meses. Torcia para que se casasse nesse intervalo.

– Celso, vou me casar em dezembro, no final do ano.

– Por quê? – perguntei atônito. – Case-se em julho – recomendei.

– Não posso. Só há data disponível na igreja em dezembro.

Desesperado, liguei para o marido e para a psiquiatra de Graça. Achei que conseguiria convencer o marido e a psiquiatra para que intercedessem na data do casamento, antecipando para o mais breve possível. Tudo em vão, pois Graça estava decidida: casaria em dezembro. Eu, desanimado e angustiado, receava que não sobrevivesse até a data.

Para sua felicidade e meu alívio, o casamento ocorreu e, mais, foi celebrado por um arcebispo de São Paulo. Graça solicitara por escrito ao arcebispo, que, comovido pela sua situação e luta, se dispôs a auxiliar a realização do sonho de Graça. Isso foi a cereja no bolo de casamento, já que arcebispos não realizam essa função.

A festa avançou pela madrugada, com sucesso em todos os detalhes planejados ao longo do ano. Encheram de emoção a comemoração: uma apresentação em vídeo da vida de Graça e a dança de salão com seu professor particular, contratado especialmente para a festa.

Eu estava presente e, ainda hoje, recordo o som das músicas e a alegria contagiosa de todos os convidados. Emociono-me por ter participado da realização do primeiro sonho de uma paciente após descobrir a doença.

Como Graça gostava de pintar, fez uma coleção de gatos em óleo sobre tela, que representavam todos os médicos da equipe clínica. Essa aptidão também me angustiou: ela estava ameaçada pelo surgimento da doença no cérebro. Receoso pela vida de Graça, chamei um neurocirurgião, que optou pela cirurgia ao invés de radioterapia no cérebro. Minha angústia? A radioterapia poderia condenar seus movimentos e podar sua profissão como artista plástica, além do risco de demência a longo prazo. Finalmente, ela operou duas lesões do cérebro, não ficou com sequela e continuou trabalhando em suas obras de arte.

Assim como Graça, os pacientes têm projetos importantes e sonhos a realizar. Se ceifarmos essas possibilidades, podemos condená-los a uma pior evolução por suprimirmos esperanças. Portanto, decidimos o futuro tratamento em comum acordo com o doente, visando o objetivo a ser alcançado, procurando harmonizar o tratamento ao paciente, nos casos de doença avançada. Existe até um termo técnico que é a individualização do tratamento oncológico (ou medicina personalizada). É a adaptação da quimioterapia ao paciente e ao tipo de tumor. Cada tumor tem algumas características e, num futuro próximo, as quimioterapias serão decididas baseadas no perfil genético do tumor.

Tal como em uma empresa, sempre discuta, desde o início do tratamento, as metas e resultados planejados em cada etapa. Discuta, ainda, o que esperar ao final do tratamento. As empresas, muitas vezes, não obtêm lucros, mas adéquam os resultados alcançados para crescerem. A redução dos lucros leva à diminuição de novos investimentos e à adequação das metas estabelecidas ao início do ano fiscal. Uma empresa que pretendia lançar dois ou três produtos em um ano, pode concentrar esforços apenas para um único item. Isso é uma adequação de recursos com a visão de longo prazo dos gestores para o enfrentamento de uma crise. Isso é uma adequação do plano de negócios.

Na doença ocorre o mesmo. A doença metastática, hoje, pode ser estabilizada para mantermos uma boa qualidade de vida do paciente, sem a necessidade de se almejar resposta excepcional às custas de elevada toxicidade e, às vezes, sequelas permanentes.

A amizade de Graça e Claudia se intensificou ao longo dos anos. De certa forma, isso as ajudou. Ambas conversavam sobre os tratamentos além das intimidades. Essa simbiose foi perfeita: cada uma ajuda a outra nos momentos de depressão. Passado o casamento, Graça partiu em busca de outro sonho: traçou novas metas para lançar uma marca registrada.

— Estou superanimada com o lançamento de novos produtos — orgulhava-se Graça.

Ela lançou seu produto: armações de óculos. O projeto durou semanas, com rascunhos de desenhos e imagens de gatos para adaptá-los às armações de óculos. A meta desse empreendimento era lançar vários produtos com a grife da marca, representada por um gato. Graça ainda tinha tempo e disposição para fazer a árvore de Natal da Oncologia, esperada pelos funcionários, enfermeiras e médicos, para os quais a árvore era dedicada. A cada ano, enfeites e arranjos novos eram arquitetados em todos os detalhes. Uma das vezes, fotografou os funcionários e médicos durante um ano. Ao final, pintava as fotos com uma tinta especial que realçava partes da fotografia. Por exemplo: ela delineava uma armação de óculos, um colar no pescoço em cor verde, sendo o restante em preto e branco. As fotos colocadas na árvore eram vistas à distância. Parecia um teatro vivo e os funcionários eram os atores desta peça. Era uma forma de agradecer o trabalho de todos, de médicos ao pessoal da limpeza.

Assim como Claudia, Graça começou a traçar um plano de metas para alcançar o sucesso. Ela percebera que se ocupar com projetos seria a melhor forma de aproveitar a vida, inclusive nos momentos de crise.

Claudia aproveitava a amizade e a companhia de Graça no período da quimioterapia. Às vezes, as duas saíam para almoçar em um restaurante e acabavam comendo muito pouco. Claudia por causa da pancreatite, e Graça, porque não queria engordar.

Capítulo 11
A ESPERADA DEPRESSÃO

Após dois anos da última recidiva da doença de Claudia, em 2009, o câncer invadiu o fígado, precisamente no lobo caudado e no segmento V. O fígado é dividido em segmentos anatômicos, tais como a separação de estados em um mapa. O segmento V e o lobo caudado estão próximos, um do outro, e ficam na parte inferior do fígado. Por sorte, na época, uma nova droga fora liberada para esta forma de câncer. Apesar da menor toxicidade em relação às anteriores, ainda provocava efeitos indesejados.

Essa droga era uma versão atualizada de um medicamento antigo cujo solvente era muito tóxico. Foi possível retirar a substância tóxica e ficar somente com a droga ativa. Apesar do alto custo e do entusiasmo inicial dos estudos, Claudia não teve boa resposta terapêutica. O tumor não regredira.

– Acho que este remédio não está fazendo efeito benéfico em mim – reclamou Claudia, desapontada. – Você precisa encontrar um medicamento mais eficiente – ela pediu.

Claudia tinha uma percepção apurada sobre os medicamentos que recebia. Também tinha ótima percepção do seu corpo, a tal ponto que, algumas vezes, ajudou-nos a indicar o local da recidiva tumoral.

O próprio paciente, muitas vezes, reconhece seus sintomas indesejáveis e isso contribui para o diagnóstico de seus problemas.

O mesmo ocorre nas empresas, onde jovens brilhantes, muitas vezes, não são ouvidos por estarem em posição inferior da hierarquia. Isso é um erro, porque algumas soluções são encontradas com maior facilidade pelas pessoas que convivem com o problema. É a chamada cultura participativa.

Ouvi de Salvador Arena, empresário paulista, a seguinte lição: em sua fábrica, os operários bebiam cachaça no período livre da hora do almoço. Com isso, muitos chegavam bêbados após o almoço, o que acarretava menor atenção e maior número de acidentes de trabalho, demissões e queda na produção diária. Salvador, experiente no ramo empresarial, resolveu o problema: notificou os funcionários que instalaria um pequeno bar dentro da empresa. Isso feito, cada funcionário ganhou direito a uma dose de pinga por conta da empresa após o almoço. A alegria e satisfação daquela dose, por cortesia, foram suficientes para que os empregados não mais apresentassem embriaguez, contentando-se com apenas uma dose.

Isso gerou prejuízo à empresa? Não! Apesar do custo, ao ofertar a bebida, Salvador atingiu sua meta: melhorar o rendimento da empresa no período da tarde.

Do mesmo modo, pequenas soluções surgem ao ouvirmos o paciente e valorizarmos seus sentimentos. Muitos pacientes podem contribuir com ideias. Resta ao médico ouvi-las e, junto com seu senso de julgamento, aproveitá-las.

Diversas vezes, Claudia me confidenciou não se sentir bonita. Acreditava que a quimioterapia prejudicava sua pele. Eu, por outro lado, insistia para que ela se arrumasse melhor, a fim de elevar sua autoestima.

Isso me faz lembrar a história que sempre comento com as pacientes, com o objetivo de incentivá-las a cuidarem de si mesmas antes de se preocuparem com os cuidados ao próximo: "Não podemos cuidar do próximo sem antes nos preocuparmos com nós mesmos".

O argumento que usava se referia à necessidade de usarmos máscaras de oxigênio num voo durante alguma emergência. Sempre ouvimos a orientação de que, em caso de descompressão brusca, máscaras cairão automaticamente. Devemos puxá-las, acoplá-las ao rosto, afivelá-las e respirar normalmente. Os comissários de voo repetem essas orientações, insistentemente, no processo de decolagem.

Pois bem, neste momento, eu costumo perguntar às pacientes se, isso ocorrendo, elas colocariam a máscara primeiro em si mesmas ou nos filhos? Todas respondem sem hesitar: "Primeiro em meu filho".

É tudo o que eu quero ouvir. A máscara deve ser colocada, primeiramente, na paciente. Isso porque se não respirar oxigênio, adequadamente, poderá desmaiar subitamente antes que possa ajudar ao filho. No final, saliento que uma pessoa somente pode ajudar outra se estiver bem consigo mesma.

Quero dizer, com isso, que as pessoas devem almejar um bem-estar físico e psíquico antes de se tornarem um "cuidador", que é quem acompanha o paciente nas suas atividades diárias, ajuda na administração de medicamentos e oferece suporte físico e psíquico durante o tratamento oncológico. Alguns não estão preparados para lidar com os sofrimentos e dores que o paciente oncológico apresentará durante o tratamento. Podem até mesmo chegar ao extremo de adoecerem junto com o paciente e, algumas vezes, necessitaemr de tratamento, tanto quanto o paciente.

O equilíbrio emocional desses "cuidadores", às vezes, deve ser maior do que o do próprio paciente. Caso contrário, podem trazer malefícios à recuperação do enfermo que acompanham. Já testemunhei situações de um "cuidador" emocionalmente descompensado agredir a equipe clínica durante uma sessão de quimioterapia. Por isso, cuide-se antes de cuidar de alguém.

Um paciente apático e cabisbaixo nas sessões de quimioterapia não significa que ele está deprimido, como tendemos a imaginar. Muitas vezes, é apenas uma reação contemplativa. Por que digo isso? Presencio um aumento progressivo na indicação de medicamentos antidepressivos pelos médicos. Não contesto que a maioria dos pacientes deva necessitar de tal medicação. Porém, uma abordagem mais detalhada com o doente, uma boa conversa, uma atenção especial e cuidados com seu suporte emocional podem fazer a diferença para evitar tais drogas cujos efeitos colaterais causam boca seca, constipação e tonturas.

A família de Claudia sempre se reunia na tentativa de mantê-la motivada.

– Se você não tem força para ajudar Claudia, não venha visitá-la – dizia Karla aos amigos que telefonavam para agendar uma visita ao hospital.

Enquanto o ano avançava, Claudia, muitas vezes, ficava deprimida. Não poderia ser diferente: na maioria das vezes, isso ocorria ao receber a notícia da progressão da doença. No início, negava a situação dizendo que abandonaria o tratamento. Porém, em pouco tempo, estava pronta para recomeçar o tratamento. Racionalmente, ela interpretava isso como uma crise financeira numa empresa em que é necessário cortar custos.

– Muitas vezes, fico cansada com tudo isso. Penso em parar completamente, mas, no momento seguinte, sinto que devo continuar a luta – lamentava-se Claudia.

Claudia ainda mantinha sua maior preocupação com a união e bem-estar da família. Ela acabou demitindo alguns funcionários, reestruturou outros departamentos, e dispensou o gerente geral da empresa. Isso levou ao equilíbrio financeiro da companhia, em plena crise global.

Após termos dito que retomaríamos a quimioterapia, ela ficou apreensiva por um certo momento e, logo depois, disse:

– Quando começamos a quimioterapia?

Era impressionante como mudava de atitude em tão curto espaço de tempo. A certa altura, achava que ela iria desistir de tudo, para, no segundo seguinte, presenciar um rojão prestes a começar o seu voo. Normalmente, os empreendedores estão mais preparados para o risco do que as pessoas normais. Neles, a tomada de decisão é rápida, pois os erros e fracassos devem ficar para trás.

Ela sempre era empenhada em seguir uma disciplina de trabalho. Tinha tudo organizado para saber o dia em que estaria bem, sem os efeitos da quimioterapia. Tais medicamentos levam a sintomas variados, tais como cansaço, fraqueza e dores de cabeça; outras vezes, os pacientes têm náuseas, sensação de tontura e desequilíbrio. A fadiga pode ser melhorada com emprego de pó de guaraná, ginseng, vitaminas e anti-inflamatórios. Além disso, não devemos esquecer que esta etapa do tratamento é sempre acompanhada de ansiedade, perda da autoestima e queda da libido.

Capítulo 12
OUTROS APOIOS

O HORIZONTE DOS PACIENTES é maior do que imaginamos. Muitos percebem quando a situação não está evoluindo bem e sentem a recidiva da doença.

Claudia percebia quando alguma amiga de seu relacionamento, que se encontrava em tratamento no mesmo centro de oncologia, não estava evoluindo bem ou, mesmo, havia morrido. Ela percebia pelo olhar dos funcionários do centro, muitos dos quais sabiam que Claudia ficaria triste com a notícia e não falavam com ela. Ela percebia tudo ao seu redor e, como se fosse algo mágico, dizia que algo ruim estava para acontecer. Assim foi com a perda de algumas amigas. Ela sempre falava que, na hora em que a Graça fosse embora, ela perderia grande parte da sua energia. Não saberia dizer se isso é verdade, mas passei a nunca mais duvidar de meus pacientes depois dessa experiência.

Sinto que, nesse mundo, existem percepções dos pacientes que nada têm a ver com algo extrassensorial, mas talvez sejam uma sensibilidade aumentada dos pacientes frente a situações extremas. Algo que alguns diriam se tratar de sobrenatural, eu diria que é apenas uma percepção maior das mulheres. Tenho experiência neste aspecto, pois a minha esposa, várias vezes, me alertou que pessoas do meu círculo social não mereciam a minha amizade. O que é isso? Eu diria que se trata apenas de uma intuição feminina.

Claudia sempre foi uma pessoa religiosa, com uma medalhinha presa ao corpo, com a figura de alguma santa. Mesmo durante as internações mais prolongadas, ela procurava trazer esses santinhos. Ela dizia que os mesmos iriam protegê-la dos problemas.

— Eu sempre trago a medalha de Nossa Senhora da Medalha Milagrosa, que eu fui buscar em Paris. Ela me protege sempre. — A seguir, beijava a medalha em sinal de respeito.

A religiosidade pode ajudar pacientes com câncer. Essa informação antiga é utilizada pela maioria dos oncologistas para trabalhar com os doentes. Existem evidências de que pacientes mais religiosos toleram melhor as dores da infiltração da doença e necessitam de menor quantidade de morfina (em termos de miligramagem).

Em vários momentos de minha prática clínica, conheci pacientes muito religiosos e, mais, percebi que eles evoluem melhor do que aqueles sem religião ou planos espirituais. Naturalmente, não posso confirmar que os mais religiosos vivam mais tempo. Apenas me refiro ao fato de estes pacientes tolerarem ou aceitarem melhor as adversidades do tratamento.

Lembro-me de Larissa, uma jovem de 23 anos, estudante de design, que teve duas recidivas em curto espaço de tempo. Fora submetida a dois transplantes de medula óssea e, mesmo na iminência de outra recidiva, se mantinha serena. Continuava a estudar e fazer planos para o futuro. Ela continuava frequentando a Igreja Batista, ajudava na missa como integrante do coral e rezava bastante para o seu fortalecimento. Ela estava vivendo muito mais que a média dos outros pacientes com o mesmo diagnóstico e estado clínico. Portanto, a diferença estava na religiosidade. Evidentemente que a parte espiritual pode ser fortalecida por orações, e até mesmo por técnicas de autoajuda e neurolinguística, e pelo amor entre as pessoas. O amor talvez seja uma das maiores armas que o ser humano pode utilizar durante os seus momentos de crise.

Capítulo 13
VENCENDO O MEDO

ULTIMAMENTE, CLAUDIA VIVIA PREOCUPADA. O ano de 2009 estava avançando. Achava que algo não ia bem com a sua doença e me perguntava se não era hora de fazer os exames. Eu mesmo considerava fazer a vontade de Claudia, mas dado o emprego de radiação que existe nas tomografias computadorizadas, dizia que deveríamos esperar um pouco mais. Porém, mudei de ideia e solicitei os exames de controle radiológico. Para minha surpresa, havia doença em uma região específica do fígado detectada pelo PET/CT (tomografia por emissão de pósitrons). Iniciei com quimioterapia imediatamente e Claudia, como das outras vezes, triste, dizia que iria interromper tudo, pois achava que não tinha mais forças para tolerar um novo tratamento. Desta vez, o local comprometido estava localizado dentro de um lobo do fígado.

– Novamente no fígado. O problema sempre volta no fígado. Precisamos fazer algo urgente – dizia Claudia.

Após quatro ciclos deste novo tratamento, falei a ela que

seria interessante ouvir a opinião de outro oncologista. O local escolhido foi um grande centro nos Estados Unidos. A segunda opinião médica é interessante, pois sempre existe o temor de que o médico particular da paciente não esteja fazendo tudo que é possível.

Fomos com seu avião particular para não perder tempo e retornar ao Brasil em tempo hábil para realizar o ciclo de número cinco. A viagem foi tranquila, mas Claudia estava preocupada. Sua face, tensa, demonstrava o medo do que poderia acontecer nesse novo momento da sua doença.

– Estou com medo. Mais do que nas outras vezes. Sinto algo estranho em mim – alertava ela.

Aprendi com Claudia que a melhor maneira de transpor o medo é assumi-lo para, em seguida, poder derrotá-lo. O fato de sentir medo é intrínseco ao ser humano pela sua própria evolução biológica, já que houve um tempo, quando ele tinha que caçar para a sua sobrevivência e não sabia que animal poderia atacá-lo e matá-lo. Por isso mesmo, o medo, quando bem utilizado, pode ser uma grande arma contra os problemas.

Quando chegamos ao nosso destino, todos estavam cansados, mas Claudia, apesar da dificuldade que encontrava para comer, convidou o piloto, copiloto e os demais membros que vieram no avião, para jantarem conosco. Lembro que seu apetite, neste momento, era mínimo e ainda tinha um pouco de náuseas. A despeito disso, comeu uma pequena quantidade e não reclamou de nada.

– Estou cansada, mas feliz por ter chegado até aqui na companhia de vocês. Vamos dormir, que amanhã começa uma bateria de exames.

Concordei plenamente e fomos todos dormir.

O encontro com o médico americano foi frio e pouco emotivo. Foi-lhe arranjada uma tradutora, que se preocupava mais em falar que tudo estava bem do que em fazer a paciente entender o que o médico pretendia dizer.

- Claudia, a situação está sob controle e o seu médico vem fazendo um grande trabalho em mantê-la bem todos estes anos. Considero que devem continuar com a quimioterapia.

Claudia saiu feliz, mas temerosa quanto ao seu futuro.

Nos dias que precediam um novo tratamento quimioterápico, ela sempre festejava. Adorava vinhos e dizia que deveria comemorar caso fosse uma notícia feliz ou triste. Pois mesmo sendo uma notícia ruim, teria uma solução e, por isso, considerava-se abençoada por haver um tratamento. Muitas vezes, chamava os sobrinhos, filhos e netos para as comemorações em um restaurante na Praça Vilaboim, em São Paulo. Achava que não havia motivo para mágoa e que uma nova etapa do tratamento iria começar. Essa atitude positiva é um dos segredos de seu sucesso pessoal, possivelmente ajudando na sua autoestima e aumentando a tolerância à quimioterapia. Após o episódio, ela não podia tomar os vinhos que tanto gostava. Mesmo assim, conseguiu concluir:

– Se existe uma saída, isso já é um fator positivo, e vamos conseguir vencer o câncer, novamente – dizia Claudia.

Claudia tinha um temperamento aguerrido. Ao iniciar um novo regime terapêutico, era como começar um novo desafio, como se estivesse abrindo uma nova empresa, com seus problemas naturais e suas dificuldades iniciais. "Não se abale. Crie e veja as oportunidades que se abrem em um novo empreendimento em sua vida" – dizia Claudia.

Evidentemente que perdas ocorrem durante os tratamentos quimioterápicos. Estamos em uma guerra. A guerra contra o câncer. Claudia perdera amigas durante a sua luta pessoal. Duas dessas amigas marcaram muito a sua vida. Uma delas era uma amiga da igreja, que ela frequentava durante a semana. Essa amiga mandava-lhe flores nos dias das mães, tradicionalmente, todos os anos. Ao saber da morte da amiga,

Claudia não quis se submeter a uma nova sessão de quimioterapia, marcada previamente para aquele dia fatídico. Dizia que se sentia cansada, sem forças para ir ao hospital. Isso durava algumas horas e, no instante seguinte, mudava de ideia e dizia que iria fazer o tratamento em memória da amiga.

– Perder a Maria do Carmo foi muito triste. Ainda estou abalada com isso. Perdi uma grande amiga.

Outra grande perda foi a Maria da Graça, uma grande companheira, para quem Claudia confidenciava as suas angústias. Graça foi embora e deixou um grande vazio na vida de Claudia. Essas perdas funcionam como uma grande crise nas empresas. Devem ser trabalhadas com um novo projeto e, no caso de Claudia, ela se amparava nos netos e nas filhas, escolhendo, por exemplo, o enxoval para o novo neto que estava a caminho. A atitude de Claudia era de percepção do problema: planejar metas para sair da crise pessoal de saúde.

– Mariana está grávida e preciso ajudar no enxoval do meu novo neto. Ele vai se chamar Kaique. Terei muito trabalho para escolher as roupas, jogos de cama e toalhas que desejo para ele.

Assim, espairecendo o pensamento, Claudia conseguia ultrapassar as crises de recidiva da doença.

Capítulo 14
VENCENDO AS ANGÚSTIAS

O ANO DE 2009 estava difícil para Claudia. A coleção líquida (cisto) no fígado trazia transtornos ao corpo dela. Duas vezes por semana, vinha ao hospital para retirar o líquido que se acumulava na garrafinha plástica do dreno. Ela ficava ansiosa, pois dizia que não tinha forças para trabalhar. Dizia que eu não entendia o que seu corpo tentava me dizer.

Isso me lembra a história de Debra.

Debra é uma missionária americana, há vários anos no Brasil, que trabalha com pessoas pobres, principalmente em locais de litígios como a Zona Leste de São Paulo. Ela vinha de uma típica família americana cujos sonhos eram ter uma profissão e uma casa própria. Entretanto, Debra enveredou pelo determinismo de ajudar os mais necessitados. Acabou vindo para o Brasil e apaixonou-se pelo país. Ao me procurar, vinha com um quadro de inchaço nas pernas, cansaço e alterações sanguíneas. O diagnóstico era de uma doença rara e com curso fatal: amiloidose por doença de cadeia leve.

Ao retornar para os Estados Unidos para uma consulta, teve a indicação de fazer um transplante de medula óssea, que seria a melhor maneira de controlar a doença. Ela poderia fazer o transplante nos Estados Unidos, mas optou pela sua realização no Brasil. O transplante consiste de uma coleta da medula óssea por máquinas de aférese (processo de separação do sangue) e, depois, congelamento até o momento de infusão de volta ao paciente. Antes, o paciente recebe quimioterapia em doses elevadas. O tratamento leva a feridas na boca e suscetibilidade a infecções.

Debra teve ajuda de seus amigos missionários, especialmente Sean e Catarina, que permaneceram ao seu lado durante todo o procedimento. Apesar de a paciente entender português, achei que, se falássemos a mesma língua, isso traria mais segurança a ela. Assim, todos que entravam em seu quarto falavam em inglês, o que a ajudou principalmente nos momentos mais duros do transplante, como durante os períodos de mucosite (lesões bucais), infecções e febre.

Tenho usado este recurso com outros pacientes, não somente falando literalmente a mesma língua do doente, mas evitando termos técnicos difíceis de serem entendidos. Procuro usar expressões do cotidiano e situações que qualquer um entenderia. Por exemplo, quando procuro explicar que o tratamento com o transplante é com quimioterapia em altas doses, remeto ao paciente a seguinte situação: imagine que houvesse muitas ervas daninhas em um estádio de futebol e que um jogo, marcado para breve, seria impedido de ser realizado. Como eliminar as ervas daninhas e recuperar todo o gramado do estádio? A única maneira seria colocar um produto para destruir tudo e permitir que as mudas boas pudessem crescer normalmente. Assim é o transplante.

Ao falarmos a mesma língua, nos aproximamos do paciente. Descemos do pedestal em que o paciente nos coloca, o que permite uma abordagem mais sincera e quebrar algumas barreiras.

Debra se encontra bem, três anos após o transplante, e voltou às suas atividades com a população carente de São Paulo, como psicóloga.

Claudia usava uma linguagem direta, tal qual os principais líderes empresariais, que estão sempre atentos, pois precisam tomar atitudes rápidas diante das crises. Uma das primeiras lições que se aprende em administração é o controle de crises empresariais. Um escândalo pode trazer perdas financeiras imensuráveis a uma organização. Uma resposta imediata e eficiente, mesmo que demonstre a fragilidade do sistema, pode trazer menos danos a uma empresa. Isso é conhecido como manejo de crise.

Claudia, ao receber a notícia de uma recidiva, reagia rapidamente com perguntas objetivas e falava de seu temor da morte. Essa reação, quase que imediata, corresponde ao mecanismo que Claudia desenvolvera para a solução das crises pessoais de saúde. Agir no momento certo impede que o problema ganhe grandes proporções. Muitas vezes, o maior inimigo é o nosso próprio cérebro, que estabelece várias conexões neuronais, e o resultado disso é o desespero.

– Celso, será que eu vou morrer? Estou com muito medo!

E, no instante seguinte:

– Está muito cedo para eu morrer. Quero continuar lutando contra esse mal.

Capítulo 15
AUTOCONHECIMENTO

CLAUDIA NÃO ESTAVA BEM. A quimioterapia fora interrompida por um sangramento digestivo. Março de 2009: pela primeira vez, em anos de tratamento, Claudia precisou de uma internação na UTI (Unidade de Terapia Intensiva). O revezamento dos filhos no hospital mostrava que a família continuava unida por ela. Ela controlava o monitor cardíaco, via a concentração sanguínea de oxigênio (com um oxímetro) e a sua pressão arterial. Claudia aprendia rapidamente a leitura e a interpretação dos equipamentos do quarto. Foram dias longos e com a percepção de que as noites não passavam. Pela primeira vez, notei que a face de Claudia era de inquietação. O momento era de tensão e ela pensava como iria resolver essa situação clínica.

– Celso, preciso sair dessa. Tenho muita coisa a fazer nesta vida. Preciso cuidar dos meus netos.

Claudia conseguia ultrapassar problemas difíceis graças ao plano que traçava previamente. Construir modelos em sua cabeça era a racionalidade que ela desenvolvera ao longo de anos de treinamento com a doença.

O ser humano é capaz de desenvolver mecanismos complexos em seu cérebro para enfrentar crises pessoais. A recidiva da doença era um sinal de crise na sua empresa pessoal, chamada de corpo humano. Acredito que ao desenvolver um modelo de gestão pessoal dos problemas, Claudia conseguira sobreviver todos esses anos. Evidentemente, tudo fora pautado pela evolução tecnológica de medicamentos chamados de terapia-alvo ou alvos moleculares. Ela, possivelmente, não teria sobrevivido sem medicamentos inteligentes. Mas o ponto crucial é o da formulação de um padrão de gestão pessoal.

Acredito que qualquer ser humano possa desenvolver esse padrão e usá-lo em seu próprio benefício. Ao analisar os meus pacientes, vejo que aqueles que desenvolveram uma metodologia própria de enxergar o mundo de uma perspectiva empresarial podem ter uma qualidade de vida melhor. Não significa apenas ganhar alguns meses a mais de vida quando se tem um câncer metastático, mas ganhar qualidade de vida frente à morte. Por isso, tente enxergar o mundo sob uma nova óptica.

Tudo pode mudar no instante em que sentimos que, assim como as grandes crises econômicas que trazem desconforto, dor e grandes perdas, essa crise, em certo momento, passa. O que você precisa perceber é a sua posição nesse mundo corporativo, onde cada um de nós depende do outro. Não existem reações que não repercutam em outro ser humano, como nas empresas, onde um fornecedor depende de outro para montar uma peça do carro que será vendido para uma grande fábrica. Caso um fornecedor deixe de entregar a peça na data prometida, todo o sistema se interrompe. Como o ser humano reage numa situação como essa? Do mesmo modo que no mundo corporativo, uma reação do paciente repercute sobre toda a família.

No exemplo de Randy Pausch, a decisão de abandonar a profissão e se dedicar somente à família foi a maneira de integrar todo o conjunto. No caso de Claudia, ela precisava de toda a família perto dela para se sentir amparada e feliz. Porém, mais do que isso, ela desenvolvera um modelo de controle da família, da empresa e dos médicos e funcionários do centro de oncologia em um equilíbrio harmônico. Portanto, usar ferramentas de gestão empresarial pode ser uma forma eficiente de viver melhor.

Claudia gostava de tecnologia e sempre que podia estava comprando novos *gadgets*. O mais recente tinha sido o iPhone e, logo que aprendeu a usá-lo, começou a enviar torpedos para me avisar de resultados de exames. Estas tecnologias são particularmente importantes em pacientes que ficam hospitalizados por várias semanas.

Claudia fazia isso o tempo todo. A maneira de encarar o futuro e decidir sobre o seu tratamento era um modo de controlar a situação. Ela entendia que dar ordens, controlar os dias que realizaria os exames e quando estaria em condições clínicas para viajar, teriam impacto nos resultados finais. Isso se traduzia em menor toxicidade e menor ansiedade. Por isso, estimulo os meus pacientes a criarem mecanismos de controle de situação.

Capítulo 16
HORA DE PARTIR

A internação na UTI já se arrastava por 2 semanas. Claudia tivera um sangramento digestivo e um cirurgião do aparelho digestivo foi chamado para encontrar o local da hemorragia. Conseguira achar através de uma técnica de endoscopia com o abdome aberto. A hemorragia foi de grande volume. Ela precisou utilizar transfusão de sangue e fatores da coagulação. Esses fatores são derivados sanguíneos concentrados em pequenos volumes e que ajudam a estancar a hemorragia. Ela fizera uso de grandes volumes desses componentes sanguíneos.

A paciente se encontrava sedada e agora respirava com a ajuda de aparelhos. Nova hemorragia foi constatada e a transfusão de sangue reiniciada. A luta pela vida tornava-se mais intensa.

A família estava preocupada. Pela primeira vez, em onze anos, admitiam a ideia de que Claudia estava partindo. Ela sabia que esses anos de sobrevida foram importantes para manter a família unida e pela convivência harmônica com os netos e netas. Ninguém se conformava com a ideia de perder Claudia. Eu conversava com os membros da família duas vezes ao dia, pela manhã e no final da tarde, para confortar e relatar a evolução da paciente.

— Celso, me fale a verdade. A mamãe vai morrer? — perguntou Karla.

— A situação é crítica. Ela precisa de medicamentos para manter a pressão arterial. Isso compromete os rins, que deixam de funcionar. Talvez tenhamos que dialisar sua mãe. A diálise faz uma filtração do sangue em substituição aos rins que se encontram parados. A hemorragia parece que parou em razão dos níveis de hemoglobina terem ficado estáveis. Resumidamente, a situação é muito grave.

— Mas ela ainda tem chance?

— Sim, embora ela venha precisando cada vez mais de remédios para controlar a pressão. A sua mãe é muito forte.

— Existe algo mais que possa ser feito?

— Não, Karla, estamos usando os melhores medicamentos, ela está bem assistida e precisamos aguardar as próximas horas.

Claudia tentava resistir. Seu corpo, em alguns dias, expressava o desejo de permanecer vivo. Em outros, mostrava que os anos de quimioterapia depauperaram a sua juventude.

Aos poucos, o sinal do monitor cardíaco foi diminuindo. O coração foi parando, com alguns sinais esparsos de atividade. Segundos depois, nenhuma atividade elétrica era verificada na tela.

Capítulo 17
AS ÚLTIMAS DESPEDIDAS

A missa de sétimo dia foi organizada por Karla e realizada em uma paróquia onde Claudia vinha orar semanalmente. Católica fervorosa, sempre rezava para pedir proteção para ela e para a família. João Adibe, o filho, chorava muito pela perda da mãe. Mariana se encontrava grávida de seu segundo filho.

– Infelizmente, a mãe não verá o nascimento dessa neta, a Sophie – disse Mariana, com os olhos cheios de lágrimas.

A igreja estava lotada. Cheia de amigos que acompanharam a sua luta pessoal ao longo de 11 anos. Entretanto, havia uma certa paz na igreja. Possivelmente, fruto do temperamento de Claudia. Todos sabiam como Claudia conseguiu harmonizar a sua vida pessoal com a vida empresarial e com os seus amigos. O câncer, na verdade, era um coadjuvante, que somente era lembrado nos momentos de dor e quando ela recebia a quimioterapia.

Todos se lembravam de algum fato particular vivido com Claudia. Poucos relatavam algo sobre o seu câncer. Claudia conseguiu transmitir aos seus amigos e familiares a noção do câncer como uma doença crônica que pode viver em harmonia com o nosso organismo. Assim como as doenças crônicas, que em alguns momentos reativam a sua agressividade, o câncer o faz da mesma maneira.

Juliana, a neta mais velha, representando a família, leu um pequeno discurso e finalizou emocionada:

— É muito difícil falar dela. Me faz chorar... só quero dizer que eu te amo muito e que sempre vou te amar!

Conclusão

Por incrível que pareça, todos os pacientes falam que estão ansiosos para retornar para casa e poder dormir na própria cama. Acredito que, em metade dos pacientes, o efeito disso esteja correto, na outra, é pura fantasia. É evidente que sair do hospital é benéfico e seguro para impedir infecção hospitalar, mas, por outro lado, o hospital traz segurança e controle sobre problemas clínicos.

Os pacientes com infarto do miocárdio sobrevivem mais pela disponibilidade de uma unidade coronariana, especializada para atender esse problema. Pacientes imunodeprimidos conseguem se recuperar de uma infecção ao receberem antibióticos no momento certo. Por isso, sair rapidamente do hospital não se traduz em recuperação imediata. Claudia não se importava com o período de internação. Aproveitava para colocar em dia as suas tarefas na empresa.

Claudia conseguia trabalhar, controlar o fluxo de funcionários, atender ao telefone e ainda resolver os problemas caseiros enquanto se recuperava no hospital de uma infecção oportunista. Essas infecções são geradas por germes que convivem com o nosso organismo (chamados de comensais) e que, ao ocorrer uma queda da imunidade corporal, penetram na corrente sanguínea, provocando infecções graves. Assim, ela ultrapassava mais uma crise corporativa.

Ao relatar a vida de Claudia, pude formular essas ideias de comportamento vencedor nos pacientes. Entendi que Claudia ensinou-me a enxergar os pacientes de maneira diferente, na medida em que entendia o corpo como uma empresa e utilizava ferramentas de gestão empresarial para resolver os problemas, neste caso, a doença. Vencedor não é somente o paciente que fica curado, mas aquele que tem uma qualidade de vida adequada que lhe permite continuar realizando as suas atividades diárias com dignidade.

Baseado nessa experiência, percebi que a doença é como uma crise na empresa, sendo que, neste exemplo, é uma crise pessoal, e o corpo do paciente é o produto dessa crise. Portanto, utilizar métodos de manejo de crise empresarial pode ajudar os doentes a saírem de suas crises pessoais. Esse é o grande sucesso de alguns pacientes que evoluem, espantosamente, muito bem, a despeito da adversidade do estado clínico, dos prognósticos ruins e da baixa probabilidade de resposta ao tratamento quimio ou radioterápico.

Isso foi como uma descoberta científica. Ao partir de uma observação diária e contínua por muitos anos, pude entender um modelo de gestão baseado na experiência com Claudia. O resultado disso pode ser benéfico para outros pacientes.

Caso o paciente entenda como reagir a diversas situações da vida, seja no câncer ou em qualquer outro problema de saúde, utilizando as lições aqui ensinadas por Claudia, ele será também um vencedor. O modelo atual prevê a possibilidade de viver em harmonia com o câncer. Vá em frente e tente se lembrar de viver intensamente o dia de hoje, pois o ontem já terminou e o amanhã ainda não chegou. O modelo de gestão da própria saúde pode te ajudar a ter uma vida melhor, mesmo em situações extremas como o câncer.

Claudia, apesar de ter sucumbido após 11 anos de luta, mostrou que é possível viver em harmonia com o câncer.

LIÇÕES FINAIS

1. Você pode dominar a situação, mesmo diante de problemas sérios.

2. Mesmo em situação de extrema gravidade saiba que existe uma saída.

3. O medo da morte faz parte da maioria dos pacientes com câncer. É preciso paciência para atingir bons resultados.

4. Monte projetos de vida durante o tratamento quimioterápico. Use as habilidades pessoais para desenvolver esses projetos.

5. Converse com seu médico. O diálogo pode ajudar mais do que os antidepressivos.

6. Para ajudar alguém, você deve se ajudar primeiro.

7. Fique atento aos sintomas de seu corpo e avise ao seu médico. Ninguém melhor do que você para perceber suas alterações.

8. Metas devem ser ajustadas às finalidades particulares.

9. Volte a apreciar a natureza e use os seus cinco sentidos (visão, olfato, paladar, tato e audição).

10. Vença as crises e cresça.

11. Imagine que você tem o controle total da situação. Isto faz parecer que os problemas são menores.

12. Encontrar harmonia familiar também ajuda no equilíbrio da doença. Portanto, sempre que puder, reúna a família.

13. Nunca deixe escapar uma grande oportunidade de suas mãos, mesmo que você esteja doente.

14. Continue trabalhando em projetos que gosta enquanto continua seu tratamento médico. Isto traz satisfação e bem-estar.

15. Estimule áreas adormecidas do cérebro.

16. Ocupe o seu tempo com atividades prazerosas e trace um plano de metas.

17. A sustentabilidade de um processo depende de atitudes rápidas.

18. Independente da crise pela qual esteja passando, mantenha sua mente ocupada com alguma coisa. Assim, os problemas se tornam menores.

Bibliografia

Adams, Patch. *O amor é contagioso*. Rio de Janeiro, Editora Sextante, 1999.

Cerbasi, Gustavo. *Investimentos inteligentes. Para conquistar e multiplicar o seu primeiro milhão*. Rio de Janeiro, Editora Thomas Nelson Brasil, 2008.

Connellan, Tom. *Nos bastidores da Disney. Os segredos do sucesso da mais poderosa empresa de diversões do mundo*. Rio de Janeiro, Editora Futura, 1998.

Hashimoto, Marcos. *Espírito empreendedor nas organizações. Aumentando a competitividade através do intra-empreendedorismo*. São Paulo, Editora Saraiva, 2006.

Pausch, Randy. *The Last Lecture*. New York, Hyperion, 2008.

Pease, Allan e Pease, Barbara. *Como conquistar as pessoas. Dicas para você ampliar suas relações e criar laços mais gratificantes*. Rio de Janeiro, Editora Sextante, 2006.

Sacchi, Even. *Yojiro Takaoka – O construtor de sonhos*. São Paulo, Editora Asa, 2003.

Zentgraf, Roberto. *O guia prático de finanças do Roberto Zentgraf. Aprenda a lidar com seu dinheiro de forma inteligente*. São Paulo, Editora Elsevier, 2009.

Conheça outros títulos da editora em:
www.grupopensamento.com.br